목공

대패에서 가구까지

목공

대패에서 가구까지

ⓒ 김동준, 2016

초판 1쇄 인쇄일 2022년 4월 25일
초판 1쇄 발행일 2022년 5월   7일

지은이 김동준
편 집 김현주
펴낸이 김지영   **펴낸곳** 지브레인^{Gbrain}
마케팅 조명구   **제 작** 김동영

출판등록 2001년 7월 3일 제2005-000022호
주소 (04021) 서울시 마포구 월드컵로 7길 88 2층
전화 (02)2648-7224   **팩스** (02)2654-7696

ISBN   978-89-5979-730-1(13630)

목공

대패에서 가구까지

김동준 지음

CONTENTS

03 끌 & 톱   67

04 목공 기계   79

보통 처음 목공을 시작하면 DIY를 접하게 됩니다. 그리고 목공에 관심이 깊어지게 되면 대패의 필요성을 느끼게 됩니다. 이 책은 DIY 다음 단계이며 대패 입문서입니다.

목공에 관심을 갖게 되면서 여러 공방에 다니며 배우고 질문하는 과정에서 궁금했던 내용들과 공부한 것들을 두 권의 목공책에 담게 되었습니다. 처음 시작하는 사람들이 조금 더 쉽게 가기를 바라는 마음으로 제가 배우고 깨달은 과정을 준비한 만큼 안내가 필요한 분들에게 도움이 되길 바랍니다

공구에 대한 취목인들의 입문서이므로 처음 입문하시는 분은 용어가 낯설 수 있습니다. 어느 정도 목공 용어를 알고 전동공구의 기능에 관심 있는 분들이라면 쉽게 참고할 수 있을 것입니다.

공구를 사용하기 때문에 장비가 필요하며 독학으로 쉽게 배울 수 있기 보다는 선생님의 설명을 보다 빨리 이해하며 습득할 수 있도록 돕는 길잡이가 되어 줄 것입니다.

목공의 세계는 알수록 재미있고 욕심을 갖게 됩니다. 목공을 시작하는 분들에게 좋은 길잡이가 되어주기를 바랍니다.

01

대패

처음 목공을 시작하면서 가장 기본이 되는 분야가 수공구인 만큼 제대로 알고 있어야 한다. 그래서 수공구를 처음 접하는 분들을 위해 수공구에 대해 이야기 해보려 한다.

우리나라 연장은 주로 중국으로부터 들어온 연장들을 목수들이 우리 환경에 맞춰 개량시키며 발전하였다.

흔히 동양대패로 부르는 대패는 일본대패$^{Japamese\ Plane}$로, 서양의 시각에서 동양대패로 부르지만 엄연히 일본대패이다. 일본대패가 당기는 방식이라면 서양과 조선, 중국은 미는 방식으로, 중국대패와 조선대패는 손잡이와 함께 대팻날 하나로 미는 홑날대패라는 공통점이 있다.

홑날대패는 나무의 순결에서 고운면을 얻을 수 있지만, 엇결에서 뜯김 현상이 발생해 평면 작업이 어렵다. 이 취약점을 보완하기 위해 일본대패는 메이지 유신을 거치면서 서양의 문화와 기술을 받아들여 덧날 방식을 차용함으로써 요즘의 일본대패로 발전했고, 한국은 일제 강점기와 광복 이후부터 이를 사용하기 시작한다.

조선시대부터 광복 후까지 사용한 대패

대패는 마름질 시기에 따라 막대패(호련대패)·재대패(중대패)·잔대패(마무리대패)로 나누며, 모양과 기능에 따라 평대패·장대패·짧은대패·곧날대패·실대패·개탕^{開坐}·변탕^{邊坐}·뒤접대패·둥근대패·배꼽대패·돌림대패·배밀이대패·골밀이대패·살밀이대패 등으로 구분한다. 이와 같은 대패의 설명은 다음과 같다.

배꼽대패	턱이 지거나 변죽이 있는 기물을 깎을 때 사용하는 도구가 배꼽대패이다. 세방형의 대팻집에 원통형의 대패손을 연결하고 비스듬히 날을 세운 형태다. 대패 바닥이 타원형으로 돌출되고 한쪽 원호^{圓弧}에 철판이 부착되어 있으며 대팻집의 뒤쪽은 둥글게 다듬어져 있다. 대팻날의 머리가 둥근 형태이다.	
살밀이·대패	문살의 등을 밀어 모양을 내는데 사용한다. 장방형의 대팻십에 바누리를 내고 대팻날을 비스듬히 세운 형태로, 날 끝에 굴곡이 있다. 대패 바닥은 5조의 골을 냈으며 대팻집 측면에는 턱받이용 판재를 촉짜임하여 'ㄱ'자 형태로 내렸다. 대팻집 앞쪽이 사면^{斜面}을 이루고 있다.	
평대패	목재를 평평하게 깎는데 사용하는 목공구다. 세방형의 대팻집에 원통형의 대패손을 끼우고 비스듬히 날을 세운 형태이며 덧날이 끼워진 덧날대패로 덧날막이가 있다. 대팻집 뒤쪽과 대팻집 윗면은 모깎기가 되어 있으며 대패 바닥이 평평하다. 대팻날은 머리가 둥근 형태이다.	

막대패 (재대패)	목재를 초벌로 대강 다듬는데 사용하는 목공구다. 장방형의 대팻집에 원통형의 대패손을 연결하고 비스듬히 날을 세운 형태이며 2개의 덧날막이 있다. 대패마구리가 다소 넓은 편이며 대팻집 앞쪽이 모깎기되어 있다. 대패 바닥이 평평하다.	
변탕	문살을 장식하기 위해 골을 낼 때 사용하는 도구로, 대팻집은 잡는 쪽이 경사진 반월형을 이루고 있다. 대팻날이 비스듬히 끼워져 있으며 반원형의 마구리가 있다. 대팻집 하단에는 턱을 두고 바닥면에 골을 냈다. 대팻날은 판상板狀의 외날이며 날 끝에 홈이 있고 날이 고정되도록 쐐기가 끼워져 있다. 그리고 측면에는 못을 구부려 만든 고리가 달려 있다.	
굴림대패	목재를 둥글게 깎는데 사용하는 도구이다. 세방형의 대팻집에 원통형의 대패손을 끼우고 비스듬히 날을 세운 형태로, 덧날막이 있고 대패마구리에 쐐기가 끼워져 있다. 대패 바닥이 반원형을 이룬다.	
개탕	문틀이나 장지 끼우는 홈을 팔 때 사용하는 도구이다. 장방형의 대팻집에 2개의 대팻날을 비스듬히 끼우고 원형으로 마구리를 냈으며, 대팻날은 끌 형태이다. 대팻집 뒤쪽에 타원형의 손잡이용 투공을 냈다.	

모끼대패	나무를 밀어 깎는 목수용 도구. 모서리를 둥글게 깎는데 사용한다. '모끼대패'라고도 부르며 2개의 대팻집과 날이 있는 대팻집을 2개의 나비나사로 결합했다. 대팻집 가운데가 각이 진 형태이다.	
뒤대패	굽은 재목의 안쪽을 깎아 내는 대패로, 뒤젭대패로도 부른다. 장방형의 대팻집에 방형의 마구리를 내고 비스듬히 날을 세운 형태이며 덧날이 달린 덧날대패이기 때문에 덧날막이가 있다. 대패 바닥이 둥글게 다듬어지고 날과 덧날이 일부 돌출되었으며 대패손이 붙은 흔적이 남아 있다.	
대팻집고치기대패	대팻집의 밑바닥을 평평하게 고르는 데 사용하는 대패로, 외날대패이다. 몸통의 중간 지점에 대팻날을 수직으로 곧추 세운 형태이며 일본식 근대 목공 연장이다.	
등밀이대패	문살을 깎아 장식하기 위해 사용하는 도구이다. 대팻집, 날, 덧날막이로 구성되어 있는데 날 끝은 가운데가 볼록한 모양이다. 대팻집 한 쪽에 인위적인 구멍이 있다.	

뒤접대패	목재 표면의 오목한 곳을 파내는 도구로, '오금대패', '배대패'라고도 부른다. 대팻집과 날, 덧날막이로 구성되어 있으며 바닥면에 줄 모양의 홈이 세 개 있다. 날은 물결 모양으로 이루어져 있다.	
둥근대패	나무를 밀어 깎는 도구로 목재 표면에 원형 골을 파는데 사용된다. '둥근대패'로도 불리며 대팻집 · 날 · 덧날 · 덧날막이로 구성되어 있다. 대팻집 바닥은 배가 둥글게 튀어나와 있고, 날은 부채꼴 모양의 호형弧形을 이룬다.	

출처: 국립민속박물관

동서양 대패의 특징

서양대패의 흔적은 로마시대부터, 중국은 당나라 때부터 찾을 수 있다. 이와 같이 오랜 역사를 가진 만큼 동서양대패는 각기 장단점을 가지고 있다.

일제 강점기 이후 우리나라는 일본대패를 쓰고 있기 때문에 일본의 대패를 기준으로 설명할 예정이다. 일본대패가 끝나면 서양대패에 대해서도 소개할 예정이니 두 대패의 장단점을 비교한 후 여러분이 원하는 적절한 대패를 선택하길 바란다.

일본대패	서양대패
당기는 방식	미는 방식
대팻집이 나무로 되어 가볍다	대팻집이 금속이라 무겁다
대팻집, 어미날, 덧날의 간단한 구조	금속 대팻집, 어미날, 덧날, 레버 등으로 구성
초기 세팅이 어렵다.	세팅 후 대팻집 바닥 변형이 거의 없으며 사용하기 쉽다.
장마철 습도로 대팻집의 바닥이 자주 휘어진다.	장마철 습기나 손의 땀으로 녹이 발생한다.
절삭각이 고정되어 있어 각이 다른 대패 사용.	절삭각이 다른 날들을 교환하여 사용할 수 있다.

일본대패는 몸으로 익히고 감각으로 다듬기에 더 정교한 기술을 요구하여 잘 배워두면 서양대패를 다루기가 훨씬 수월하다.

여기선 여러 공방에서 배운 내용들과 일본 자료를 기초로 나만의 방식으로 재해석 했다.

설명하기에 앞서 옆동네의 목수도 숫돌에 갈고 앞동네의 목수도 숫돌에 갈듯이 대패의 근간은 모두 똑같으며 단지 개인의 방식으로 조금 차이가 있을 뿐 누가 정답이라 할 수 없다. 이 책 또한 정답은 아니며 이런 방식도 있다고 참고해주길 바란다.

이제 누구나 손쉽게 대패에 접근할 수 있도록 초보자도 접근 가능한 대패를 소개할 예정이다.

대패 구입

한번 세팅한 대패는 계속 사용하게 되므로, 처음 대패를 구입할 때 중간급 정도의 대패 사용을 권한다. 물론 어떠한 대패라도 상관없으며, 이 책에서 소개한 대패 자료를 기초로 각자 마음에 드는 대패를 선택하면 된다.

제품명	대팻집 (길이×폭×높이)	날 폭	대패목	날 재질
무장	275×80×40mm	65mm	일본산 참나무	청지강슈퍼, 이층복합강
욱부사	270×80×40 mm	65mm	일본 백가시목	안래 청지강
썬데이맨	260×75×34 mm	60mm	참나무	청지강 이층복합강

중간급인 욱부사, 무장 65mm 대패를 추천하며 손이 작다면 한 손에 들어올 수 있는 60mm 사이즈의 대패를 구입하면 된다. 이 책에서는 썬데이맨 대패를 이용해 촬영했으며 입문자, 전문가, 공방 등에서 모두 사용할 정도로 초기 접근하기 쉬운 대중적 대패이다.

대패를 배우는 이유

요즘은 가구를 만드는 데 있어서 수공구의 비중이 높지는 않다. 기계의 발달과 편리함으로 인해 점점 수공구의 비중이 적어지고 있지만 수공구는 단점보다 장점이 많아 제작자의 감성을 자연스럽게 반영해주는 도구이다. 또한 기계가 하지 못하는 부분을 대체해줄 수 있다.

실제 가구 제작에서 대패 사용은 아주 작은 부분을 차지하지만 그 작은 부분은 꼭 필요하기 때문에 대패가 사라지지 않은 이유이기도 하다.

표면의 정리

우드워킹에서 중요한 것은 마감이 가능하도록 표면을 매끄럽게 처리하는 것이다.

많은 분들이 전동 샌더나 사포를 이용해 샌딩을 하는데 사실은 대패를 사용하는 것이 가장 쉽고 빠르며 표면을 매끄럽게 만들어준다. 또한 목재를 자르다 타버린 마구리면도 대패를 사용하여 다듬어준다. 대패는 주로 평면을 다듬지만 곡면도 다듬을 수 있어 쓰임이 다양하다.

단차

서랍 단차

집성 단차

두개의 판재를 집성 한 넓은 판재는 자동대패에 들어가지 않아 판재와 판재끼리의 단차를 대패로 다듬어 주어야 한다. 또한 가구 조립 시 발생하는 이격이나 수치의 오차로 생기는 단차도 대패를 사용하여 평활도를 맞춘 후 가구를 제작한다.

짧은 목재

목재의 길이는 각 공방마다 기계에 따라 조금씩 규정이 다르지만 자동대패의 경우 300mm보다 작은 사이즈는 기계를 통과하지 못하고 헛돌아 버린다.

작은 목재는 직접 대패를 사용하여 원하는 크기로 가공해줘야 하지만 보통은 자동대패에서 300mm보다 길게 가공한 뒤 재단하는 방법을 취한다.

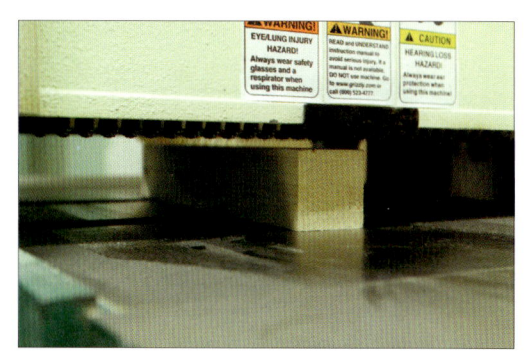

대팻집의 구조

대팻집의 기본 형태는 오른쪽 이미지와 같다.

나무로 만든 육면체인 장방형 대팻집에 깎인 대팻밥이 위로 올라오도록 대패아가리를 파낸 뒤 그곳에 엇비슷하게 대팻날을 끼운다.

대팻날 뒤쪽에 대팻손을 대팻집에 직각 방향으로 가로질러 끼워서 잡고 앞으로 밀 수 있도록 한다.

날 앞쪽 대패등에는 끌손잡이를 박아 당길 수 있게 한다. 끌손은 두 사람이 대패질할 때 앞에서 한 사람이 손으로 당기거나 끈을 매어 당기는 것이다.

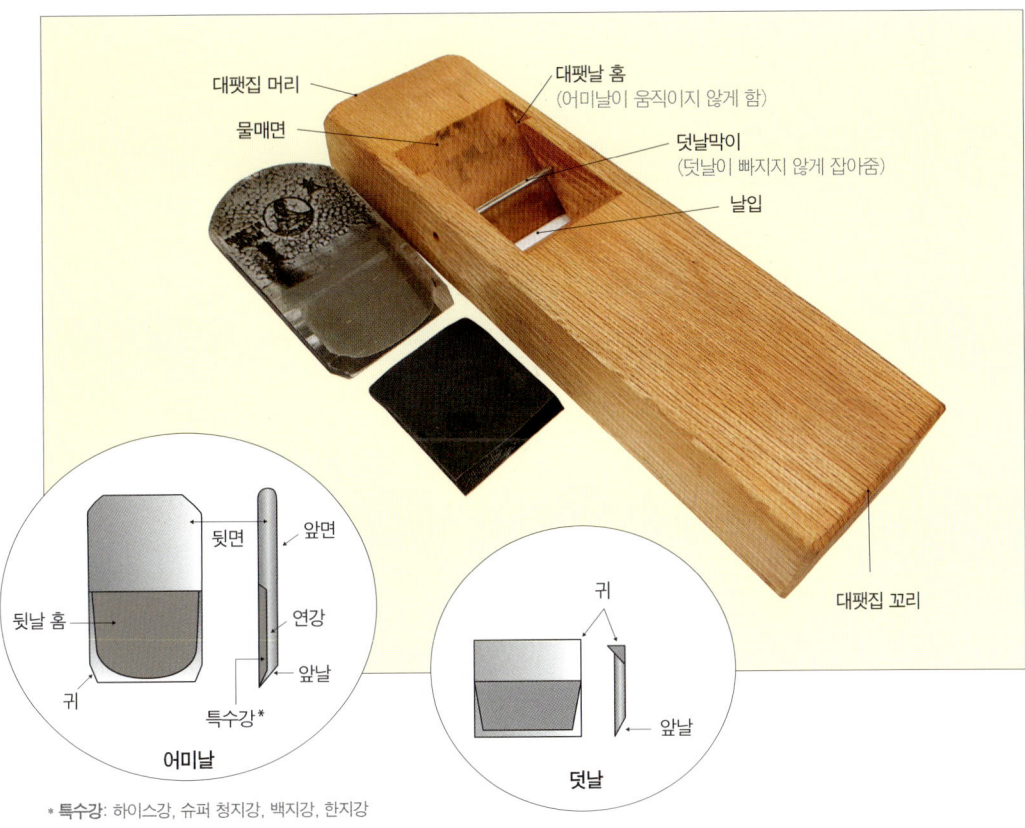

대팻집 머리
물매면
대팻집 머리

대팻날 홈
(어미날이 움직이지 않게 함)
덧날막이
(덧날이 빠지지 않게 잡아줌)
날입

뒷면
앞면
뒷날 홈
연강
귀
앞날
특수강*

어미날

귀
앞날

덧날

* **특수강**: 하이스강, 슈퍼 청지강, 백지강, 한지강

대팻집 꼬리

73mm
258mm
60mm
50mm
33mm

호라이 썬데이맨 대패 60mm. 바닥과 측면은 결이 일정해야 한다.

어미날 치수

A (mm 호칭)	B (날폭)
50	40
55	45
60	50
65	56
70	62
80	68

※ 날의 크기는 나무의 면을 많이 깎거나 적게 깎는 것의 차이일 뿐이다. 보통 대팻집은 60~65mm 정도의 것이 사용하기 편하다.

A(날의 전체 크기)를 기준으로 대패의 호칭을 정하며 B(날폭)가 목재의 면을 깎는 부분이다. 날의 크기는 목재의 면을 많이 깎거나 적게 깎는 것의 차이일 뿐이다.

대패목 고르는 요령

목재의 단면도와 대패목의 연관성을 보면 대팻집이 어떤 방향으로 쪼개지는지 유추할 수 있다. 나이테와 방사조직^{Ray}의 관계를 자세히 보길 바란다.

역무늬결

곧은결

Ray의 갈라짐

무늬결

중간결

단면도

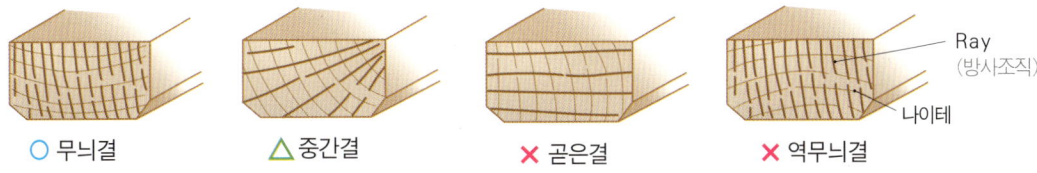

| ○ 무늬결 | △ 중간결 | ✕ 곧은결 | ✕ 역무늬결 |

Ray (방사조직)
나이테

✕ **곧은결** 나이테가 세로 방향이므로 날을 넣을 때 압력에 의해 나이테를 따라 쪼개질 수 있다. 방사조직의 방향은 가로 방향으로 갈라진다.

△ **중간결** 방사조직은 나이테의 중심을 따라 사선 방향으로 갈라지며 망치 타격 시 대팻집 머리 부분은 나이테의 결에 따라 떨어져 나가기도 한다.

○ **무늬결** 나이테가 가로 방향이므로 대팻날의 압력을 잘 잡아주지만 방사조직의 방향은 수직으로 갈라져 가끔씩 대패가 쪼개지는 사진을 보면 무늬결의 대팻집인 경우들도 있다.

✕ **역무늬결** 대팻집을 만들면서 무늬결을 뒤집어 잘못 만든 경우이다. 대패가 건조되면 서서히 U자 형태로 변형되어 많은 문제가 발생한다. 여기서 역무늬결은 구별하기 쉽게 인위적으로 쓴 명칭이다.

대팻날 빼기

구입한 대패는 날 연마를 위해 엄지로 덧날을 밀고 망치로 때릴 수 있게 기울여준다.

엄지로 덧날을 밀어주면서 대팻집 머리 양쪽 끝을 망치로 번갈아 때린다. 머리 한쪽만 때리면 잘 나오지 않으니 균형 있게 양쪽을 때린다.

빼낸 날은 상하지 않게 뒷날이 위로 오도록 놓는다.

날을 빼면서 쪼개질 수 있기에 대팻집의 머리 중앙과 꼬리는 가급적 때리지 말아야 한다. 나중에 익숙해진 후에는 대팻날을 세팅할 때 미세한 조정을 위해 가볍게 때려가면서 할 수 있지만 초기엔 해서는 안 되는 행동이다.

숫돌 사용법

준비물 다이아몬드숫돌(#600~800), 세라믹숫돌 (#1000, 5000, 12000), 사포(#1000), 유리정반 , 수건, 유리세정제

숫돌은 1인치당 들어 있는 입자의 수를 표시한다.

숫자가 커질수록 입자 수가 많아져 부드러우며, 주로 중간 숫돌로 #800~1000을 사용하다. #3000 이상은 고운숫돌이라 불리며 마무리용으로 사용된다.

다이아몬드숫돌

다이아몬드숫돌은 수명이 그리 길지 않다. 초벌 연마용으로 쓰는 것이 좋으며 오래 사용하면 표면이 닳아 더 많이 갈린 곳이 눈에 보이는 경우도 있다.

공방에서 사용하는 숫돌은 2~3년이 지나면 연마 효과가 떨어지고 바닥 평이 깨진 경우도 있으니 확인이 필요하다.

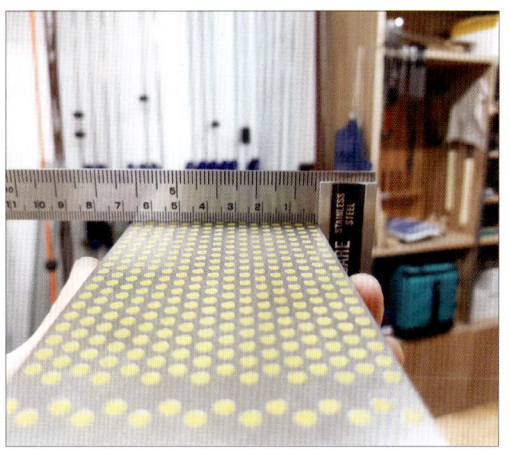

다이아몬드숫돌의 표면은 작은 톱날이 원 모양으로 타공되어 있어 날을 갈면 쇠 입자가 톱날에 끼게 된다. 이를 산화작용으로 톱날에 녹이 슬게 된다. 따라서 유리 세정제나 식물성 오일을 뿌린 후 수건으로 닦아주면서 사용해야 한다. 세정제가 없다면 물로 씻어낸 뒤 주방세제로 마무리해 표면을 깨끗이 씻어준다.

세라믹숫돌 (인의흑막 시리즈)

물숫돌은 몇 번만 쓰면 평이 쉽게 깨져 자주 평을 잡아줘야 하는데 그에 비해 세라믹숫돌은 가격이 비싸지만 고온에서 구워내서 단단하고 연마력은 좋다. 하지만 연마면은 거칠어 #8000 이상 고운숫돌이 필요하다.

물에 오래 담가둘 경우 숫돌이 물러질 수 있으니 10분 정도가 적당하다.

직사광선이나 고온에 장시간 노출되거나 선풍기로 급속 건조시키거나 세제 또는 뜨거운 물을 사용하면 제품이 변형되고 성능이 저하될 수 있다.

작업을 마친 후, 물기를 닦아내고 건조시킨 뒤 케이스에 넣어 그늘진 상온에 보관한다.

인쇄면 반대편부터 사용한 후 두꺼운 판에 숫돌을 붙여 사용하면 마지막까지 사용할 수 있다.

숫돌즙은 연마를 도와주는 역할이므로 가급적 닦아내지 말고 그 위에 물만 조금씩 부어 사용한다.

숫돌 평잡기

대패를 갈기 전 가장 중요한 점은 숫돌의 평이다.

숫돌의 평이 깨진 채 어미날을 연마하면 날 끝이 반듯하지 않아 대패질 시 목재의 표면은 울퉁불퉁하게 되며 대팻밥은 얇고 고르게 나오지 않을 것이다.

기존 물숫돌은 한 면에 연필 선을 그은 뒤 유리정반 위에 사포를 놓고 선이 없어지도록 연마해 평을 잡았다. 자주 평을 잡아줘야 하기에 불편한 점이 많아 여기선 평잡이용 다이아몬드숫돌로 세라믹숫돌의 평활도를 잡아줬다. 매번 사포를 이용해 평을 잡는 것은 불편하기에 다이아몬드숫돌을 사용하면 쉽게 사용이 가능하다.

사포를 이용한 숫돌 평잡기

개인적 평잡이용 제품으로 [DMT] 8인치(203mm) Dia-Sharp Continuos Diamond Bench Stone #800을 사용하고 있다.

다이아몬드 숫돌을를 이용한 숫돌 평잡기

연마순서

사포를 쓸 때는 수평이 맞는 유리정반이나 석정반 위에 놓고 연마해야 하며 보도블록이나 대리석 등을 사용하면 얼핏 평이 맞아 보일지 모르지만 완벽한 평이 아니니 사용해서는 안 된다.

얼마 전까지 물숫돌 3단계로 초벌 #800, 중간 #1000, 마무리 #6000 이렇게 3가지 숫돌로만 연마했었다.

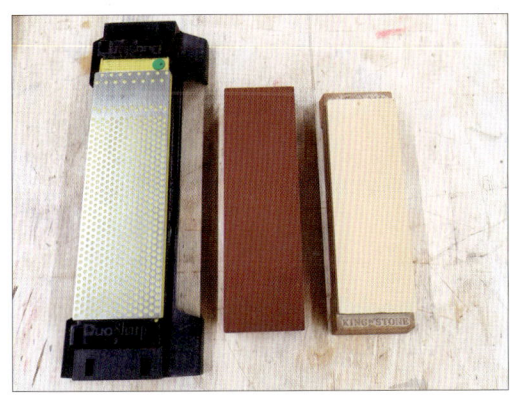

방법 1 다이아몬드숫돌 → 물숫돌 → 마무리 숫돌
　　　　 (#600)　　　 (#1000)　　 (#600)

방법 2 사포 → 물숫돌 → 마무리 숫돌
　　　　 (#80)　 (#1000)　　 (#6000)

방법 3 다이아몬드숫돌 #800 →
세라믹숫돌 #1000 → #5000 → #12000

그런데 이는 시간과 노력이 많이 소모되는 방법이므로 세분화시켜 좀 더 쉬운 방법을 소개 하겠다.

이에 따라 이 책에서는 **방법 3** 에맞춰 4단계의 숫돌을 사용해 연마할 예정이다.

이렇게 단계를 추가할수록 시간과 노력의 소모를 줄여 빠르고 바르게 할 수 있다.

어미날 뒷날 내기

대팻날의 앞날은 갈기, 뒷날은 내기라 한다.

처음 구입하여 시작하는 뒷날 내기는 아직 방법이나 감이 오지 않아 반나절에서 하루가 걸릴 만큼 고된 작업이다. 하지만 방법을 습득하고 나면 요령이 생겨 점점 더 짧은 시간 안에 해결할 수 있다.

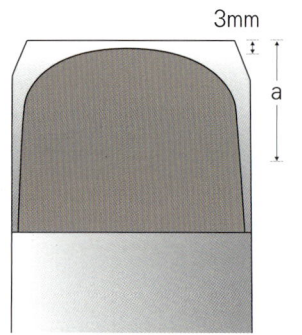

대패 뒷날 부분이 오목한 이유는 연마할 때 뒷날 전체 면을 연마하면 많은 시간과 노력이 소모되기 때문에, 마찰을 줄여 연마 시간을 단축시키기 위해서이다. 그림처럼 a부분을 숫돌에 연마하여 평면을 만들어주는 것이다. 날 끝은 3~5mm 폭을 유지하면 된다.

1 가장 먼저 다이아몬드숫돌에 세정제를 뿌리고 한 면의 절반씩을 나누어 연마해준다. 10번 왕복 후 나머지 절반으로 넘어가 연마해 주는 방식으로 해 숫돌의 천체적인 면을 고르게 사용하도록 한다.

2 어미날은 오른손과 왼손으로 앞날을 눌러 뒷날의 a부분 만큼 평면으로 연마 해준다.

3 연마 도중 날을 누르는 손가락이 어미날을 넘어가면 손가락에 상처가 생기니 날을 넘어가지 않도록 조심한다.

4 어미날은 철로 되어 있어 쉽게 녹이 슬게 되므로 수건으로 닦아주면서 날 상태를 확인한다.

5 뒷날의 날 끝이 전체적으로 똑같은 색의 쇠빛이 나오도록 연마해줘야 한다. 처음 날을 갈면 주로 날의 양쪽 끝이 연마가 덜 되기에 날을 눌러 연마해 줘야 한다. 조금이라도 날 끝에 다른 빛의 색이 남아 있다면 그 부분은 아직 연마가 덜 된 곳이므로, 다음 단계로 넘어 가면 안 된다.

6 전체적으로 연마가 되면 #1000 숫돌로 넘어가 연마해주면 된다. 다음은 #5000으로 넘어간다. 이 사진은 #5000에서 연마 중에 오른쪽 날 끝이 연마가 되지 않아 다시 #1000으로 내려가 차근차근 연마하고 있다.

마지막 #12000으로 뒷날을 거울처럼 경면을 만들어준다.

대팻날 잡기 틀

뒷날 내기가 어려운 분은 처음부터 대팻날 잡기 틀을 만들어 사용하길 권장한다.

흔들림 없이 보다 안전하고 편하게 뒷날의 평을 잡고자 할 때 사용하는 방법이다.

이 방법은 《전통 목가구 만들기》 박명배 선생님의 책에 잠깐 소개되었고, 인터넷에서 서양의 목수가 사용하고 있던 흑백 사진을 보고 응용하였다.

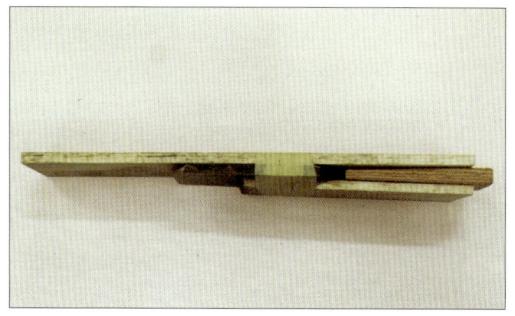

어미날의 앞날 위에 폭만큼 긴 막대를 올려놓으면 어미날이 가려져서 아랫부분에 막대를 대어 숫돌의 간격을 맞춰주는 가이드 역할을 한다. 종이테이프로 감아 흔들리지 않게 고정한 후, 두 막대 사이에 쐐기를 넣어 공간을 채워주면 된다.

양손으로 막대를 잡고 밀어주기 때문에 안정적인 자세를 유지할 수 있으며 맨손으로 했을 때보다 훨씬 효과적으로 시간을 줄이고 어미날에 힘을 고르게 배분할 수 있으며 연마 도중에 발생하는 날에 의한 손의 상처를 예방해준다.

힘을 실어 연마하기에 약한 물숫돌은 층이 생기니 다이아몬드숫돌과 세라믹숫돌에 적합하다.

어미날 뒷면 맞춤

뒷면 맞춤 작업은 크게 두 가지 경우에 하는 작업이다. 첫 번째는 구입한 대패에 어미날 뒷날이 모두 평면이 아니면 날 갈기를 해도 평이 잡히지 않기 때문에 인위적으로 수정해주어야 한다.

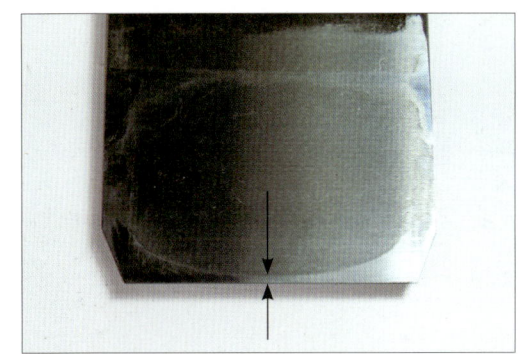

두 번째는 오랫동안 사용한 뒷날의 움푹 파인 부분까지 마모되었을 때 망치로 앞날을 뒷날 쪽으로 밀어 채워주기 위해 맞춤 작업을 하는 경우이다.

뒷면 맞춤 작업은 인서트 부분의 뒷면을 모루에 밀착시켜 뿔망치로 앞날의 중앙 부위만 미묘하게 밀어내는 어려운 작업으로, 익숙하지 않으면 날이 깨지거나 금이 갈수 있어 세심한 주위가 필요하다.

날이 깨지지 않도록 앞날의 중간 부분 위주로 타격한다. 이때 앞날은 공간을 띄워야 타격 시 충돌로 날이 깨지지 않는다.

어미날 앞날 갈기

어느 정도 갈아야 할지, 각도는 어떻게 맞춰야 할지 궁금하겠지만, 앞날의 각도만큼 숫돌에 닿으면 된다고 단순하게 기억하자.

앞날 갈기에 앞서 숫돌의 평을 잡아주는 것이 순서이다.

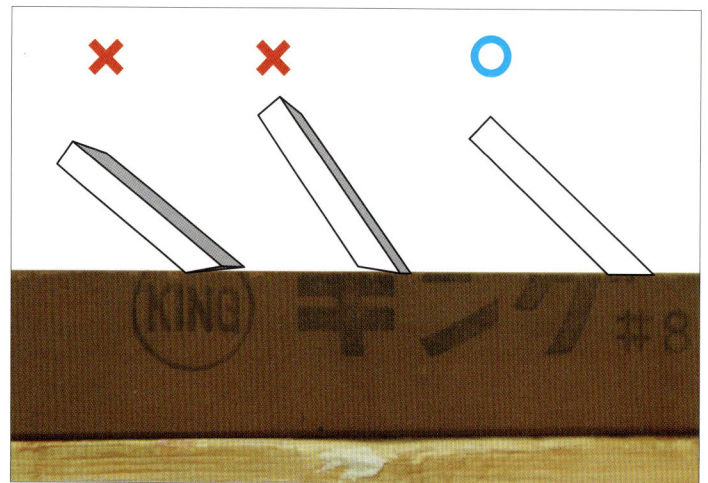

앞날이 들리거나 뒤가 숫돌에 뜨면 각도가 변하게 된다.

숫돌에 밀어주는 힘으로만 앞날을 연마하
기엔 부족하니 앞날이 연마될 수 있도록 뒷
날 끝을 눌러주며 해야 한다.

방법 1 가로 갈기

앞날은 다이아몬드숫돌이 아닌 세라믹숫돌 #1000에서 시작한다.

① 제자리에서 시소를 타듯 앞날의 끝부분을 앞뒤로 움직이다 ② 앞날의 연마면을 숫돌과 밀착시켜 손가
락으로 뒷날을 눌러주면서 고정된 각도 그대로 유지한 채 왕복운동을 하면 된다. 밀 때는 힘을 실어주고
당길 때는 힘을 뺀다.
연마 도중 숫돌의 면에 걸려 멈칫할 때도 있으니 다시 각도를 유지하며 연마해준다.

세로 갈기

손바닥에 감쌀 수 있는 어미날은 보통 가로 갈기를 하지만 목이 긴 끌이나 조각도 또는 미니 대패의 날은 가로 갈기보단 세로 갈기가 편할 수 있다. 서양에서는 쉽게 세로 갈기를 볼 수 있다.

① 시소를 타듯 앞날 끝부분을 움직이다 숫돌과 밀착시킨다. 왕복운동을 하면서 연마해주면 되는 데 가로 갈기보다 각도 유지에 안정적이다.

방법 3 호닝 가이드

앞날 내기가 어렵다면 호닝 가이드를 사용하여 어미날의 각도에 맞춰 연마한다.

여러 방법들보다 가장 쉽고 빠른 방법이며 각도 유지가 변하지 않아 보다 안정적인 연마가 가능하다.

※ 서양 대팻날은 옆면이 직선으로 잘 고정시켜 주지만 일본 대팻날은 사선으로 공간이 있어 연마하는 도중에 날이 이탈할 수 있으니 잘 고정할 수 있는 호닝 가이드를 구매해야 한다.

방법1을 선택하여 연마할 경우 뒷날 내기와 같이 세라믹숫돌 #1000을 이용해 전체적으로 모두 동일한 색이 나오도록 앞날을 연마해준다.

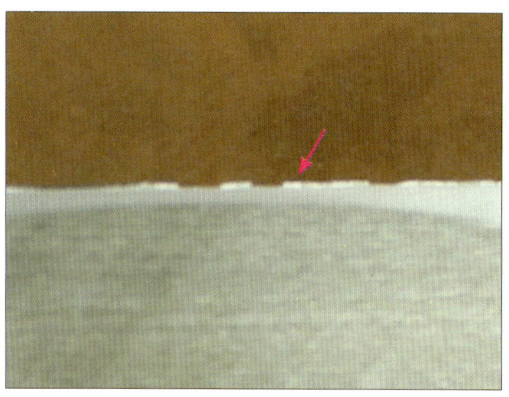

날 끝을 자세히 보면 연마하는 동안 쇠입자가 모여 날 끝에 날넘이 자연스럽게 뭉친 것이 보일 것이다. 이때 가지고 있는 가장 고운숫돌(#12000)로 뒷날을 연마해 날넘이를 제거해주고 순서대로 다음 단계의 숫돌(#5000)로 넘어가 앞날을 간다. 만약 연마 중에 갈리지 않은 부분이 있다면 다시 #1000으로 내려와 갈아야 한다. 이렇게 #1000 → #5000 순으로 연마해준다.
이제 앞날도 뒷날처럼 일정한 색이 나오면 마무리 숫돌로 넘어간다.

#12000에서 앞날의 특수강을 거울처럼 경면으로 만들어주면 된다.

어미날이 깨졌을 경우 & 배잡기

연마 도중 날이 깨져 처음부터 연마하기 어려울 때나 빠른 연마를 하고 싶을 때 배잡기를 해준다.

경험이 필요한 항목이므로 못 쓰는 날 한두 개 정도로 연습을 거치고 사용한다.

그라인더에 날의 끝이 아닌 중심 부분이 들어가게 연마해주면 된다. 연마 중 날이 뜨거워져 깨지는 경우가 발생하니

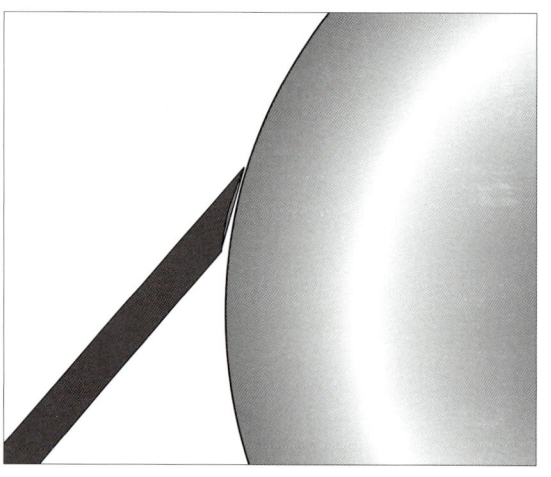

물에 식혀주며 진행한다.

배잡기를 한 날은 A와 B만 숫돌에 접촉되어 마찰 면적이 그만큼 적어지기 때문에 효율적인 연마를 할 수 있다.

덧날의 역할

대패 시 목재를 지나갈 때 날의 흔들림을 단단하게 잡아준다.

복잡한 무늬나 엇결을 만났을 때 목재의 뜯김을 방지하여 매끄럽게 해주는 역할을 한다. 대팻밥을 꺾어줘 배출을 원활하게 해준다.

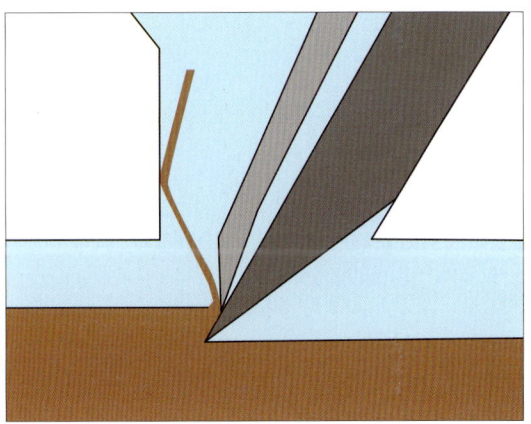

덧날은 어미날 못지 않은 아주 중요한 날이다.

덧날 뒷날 내기

연마 상태를 확인하기 위해 뒷날 끝에 매직으로 칠해준다.

매직 →

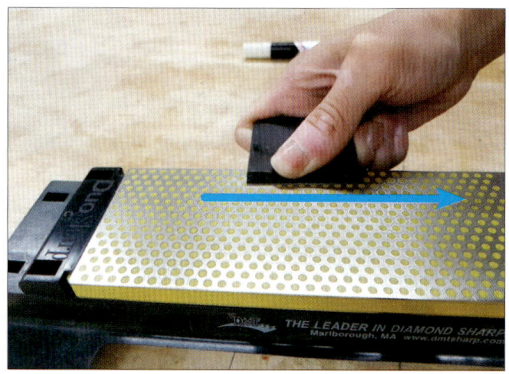

철자 위에 #1000 사포를 올려 매직이 다 지워질 동안 연마해주거나 다이아몬드숫돌에 연마해줘도 된다. 이 상태는 다소 거칠기 때문에 #5000에서 같은 방법으로 연마하여 마무리한다.

덧날 앞날 갈기(60°)

세라믹숫돌 방법.

사포.

 덧날의 앞날은 30°로 1차 연마가 된 상태에서 이중각을 만들어주기만 하면 된다.

 사포를 이용하거나 세라믹숫돌은 평을 잡고 #1000에서 60° 각도를 유지한 채 당기면서 연마해준다.

#1000에서 연마하면 다소 거칠 수 있으니 #5000에서 마무리해준다.

이렇게 날 끝만 이중각으로 연마해주면 된다.

날 간격 맞춤

1 어미날과 덧날의 날 끝에 맞춰준다.

2 두 날 사이에 빛이 들어온다면 대팻밥이 끼게 되니 수정해줘야 한다.

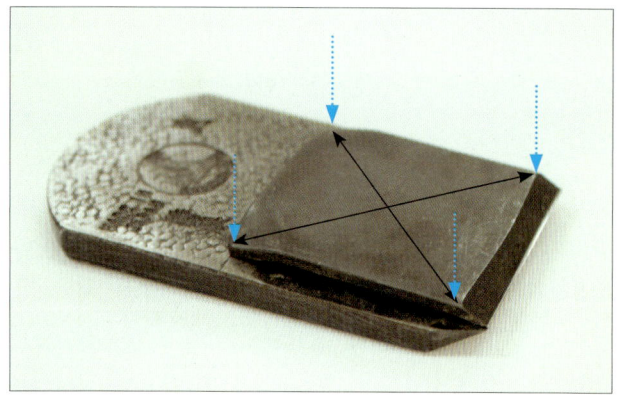

3 네 모퉁이를 눌러 균형이 맞지 않아 딸깍거린다면 딸깍거리는 쪽의 사선 방향의 귀를 조금 더 접어준다. 귀를 너무 펴서 균형을 잡는다면 대팻집에 넣을 때 덧날막이에 걸리지 않거나 덧날이 어미날보다 더 내려오는 문제가 발생할 수 있다.

4 귀를 접는 방법은 다음과 같다. 사진처럼 모루에 대고 망치로 조금씩 구부려 균형을 맞춰준다.

5 날 사이 간격에 빛이 들어오지 않도록 해준다.

대팻집 정검

새로 구입한 대패는 아직 날이 자리를 잡지 못하고 있는 상태로, 한쪽으로 기울어 나오거나 날이 안 들어가는 경우도 있어 수정해 사용한다.

대체로 A(물매면)와 B(대팻날 홈) 지점만 체크하면 된다.

어미날의 앞날 중간 부분과 옆면을 연필로 칠한다.

❌ 앞날

⭕ 뒷날

1 어미날은 앞날이 아닌 뒷날이 보이는 방향으로 조심스럽게 대팻집에 밀어 넣는다.

2 연필이 묻어 있는 곳은 줄이나 끌을 이용해 다듬어준다.

3 목공용 줄은 표면이 뾰족하므로 그보다 훨씬 부드러운 철공용 줄을 사용하고, 끌을 사용한다면 깎아나가는 게 아니라 면을 다듬어주는 쪽으로 한다.

4 덧날을 끼워보고 어미날과 마찬가지로 일정하게 들어가는지 확인한다. 물매면과 어미날, 덧날 사이에 빛이 새어나오는지 않아야 작업 시 날이 떨리지 않는다.

5 바닥의 날입을 보면 오른쪽은 날이 막고 있다. 이 경우 대패질을 하면 대팻밥이 끼어 원활한 대패질이 어렵다.

6 연필로 수정할 부분까지 표시하고 끌로 다듬어준다.

7 대팻날을 최대한 날입 가까이 내밀었을 때 한쪽 날만 날입에 닿는다면 날입의 수평이 맞지 않을 수도 있으니 확인이 필요하다.

대팻집 바닥 평면 잡기

새로 산 대패는 육안으로 보는 것과 다르게 바닥이 고르지 않고 휘어져 있어 평면으로 만들어줘야 한다.

> **참고**
>
> • 평잡기를 할 때 연갈색의 사포와 백색의 사포가 있다.
> • 연갈색을 사용하면 대패 바닥에 갈색이 묻을 수 있으니 목공용 백색 사포를 권장한다.

1 유리정반이나 석정반 위에 대패용 호라이 평잡기 사포 #80을 부착한다.
평잡기 사포는 고가이므로 일반 목공용 백색 사포 #120을 사용해도 된다.

2 대팻날을 끼운 상태에서 날이 갈리지 않도록 2~3mm 정도 뺀 후 바닥에 연필로 선을 그어준다.

3 대팻집 중앙을 잡아 어느 한쪽에 힘이 더 실리지 않도록 균형을 잡아 왕복운동을 해준다. 평잡기 사포는 골이 있어 분진이 쌓이므로 에어건을 이용해 제거해준다.

4 상단과 하단 연필선이 없어지면 수평이 맞추어진 것이다. 아직 머리쪽 바닥에 연필선이 남아 있다.

5 #80 사포는 바닥이 다소 거칠어 가지고 있는 사포 중 부드러운 사포로 다듬어준다. (#220, #400, #600, #800)

6 형광등을 향해 스트레이트 엣지(Straight Edge)로 대패 바닥 평면을 확인한다.
대패와 스트레이트 엣지 사이로 빛이 들어오면 평이 맞지 않아 틈새가 있는 경우이므로, 다시 한 번 바닥평을 잡아줘야 한다.

※ 스트레이트 엣지(베벨형) **Straight Edge**

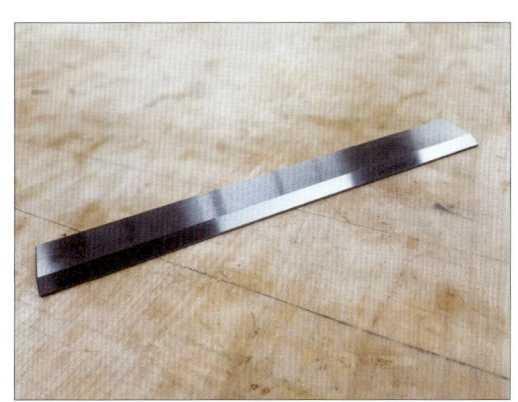

하단자, 수평자로 불리며 제품의 재질은 강제로 외부의 온도 변화에 민감하지 않아 평면도·진직도, 평행도의 검사측정 용도로 사용한다. 측정하는 날은 칼날형을 사용해야 틈새를 정확히 확인할 수 있다.

이렇게 평면을 잡아놔도 계절마다 조금씩 틀어지니 자주 바닥 점검을 해줘야 한다.

대패 바닥의 수평은 최소 3곳에서 5곳 정도 수평 확인이 필요하다.

전체 평과 날입 아래 10mm 그리고 사선의 평면이다.

이 상태로도 대패 사용이 가능하지만 조금 더 대패 바닥에 대해 알아보도록 하겠다.

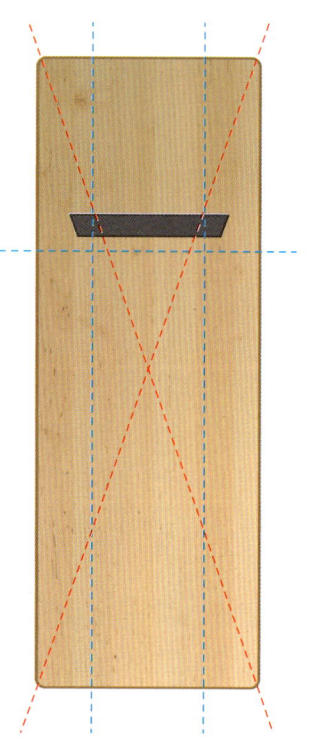

대패 2점 평면과 3점 평면

2점 평면과 3점 평면이란 대패 바닥의 평면의 개수를 말하는 것으로, 2점 평면은 판재에 쓰고, 3점 평면은 각재에 사용한다.

이렇게 평을 만드는 이유는 마찰을 줄여 목재와의 저항을 줄이고 대패의 휘어짐으로부터 바닥 수정을 빠르게 해줄 수 있기 때문이다. 또한 울퉁불퉁한 목재의 표면을 대패질할 때 볼록한 곳을 지나면 대패가 들리지 않도록 최소화한다.

이제 대패의 평면을 만들 수 있도록 간단히 알아보자

2점 평면과 3점 평면에서 가장 중요한 점은 절대 평면이다. 절대평면 지점은 날입부터 아래 방향의 10mm는 실제로 대패가 이뤄지는 지점으로 평면이 절대 깨져서는 안 된다.

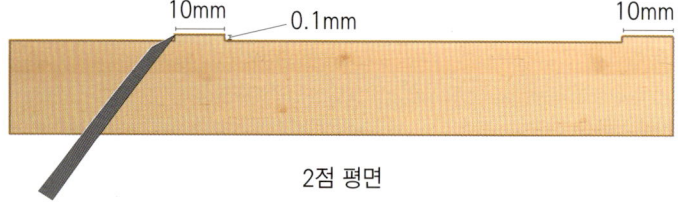

2점 평면

2점 평면은 날입과 대패 끝을 10mm 정도만 평면을 만들어주고, 3점 평면은 머리와 날입,

끝 지점을 10mm씩 평면을 만들어주면 된다.

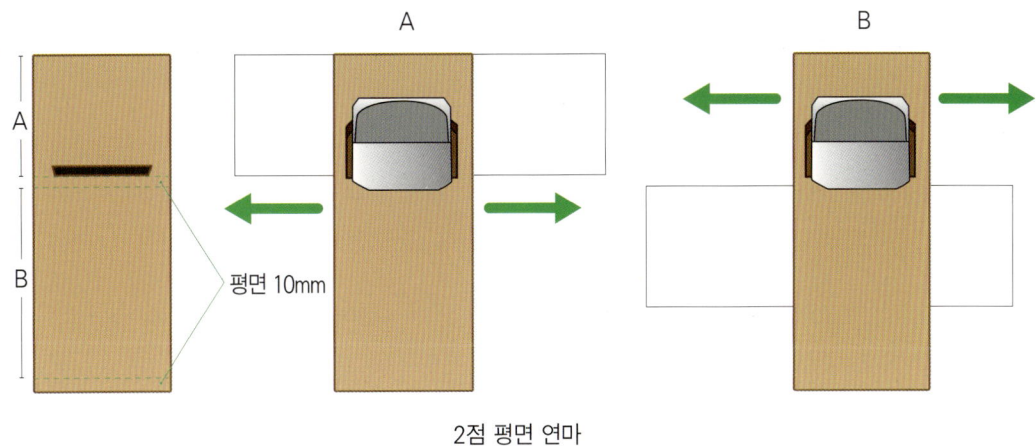

2점 평면 연마

대패 바닥을 고르는 곧날대패, 끌, 스크래퍼, 구두칼을 사용하여 바닥을 긁어낼 수 있지만 평잡기 사포를 이용해 단대패는 0.1mm, 장대패는 0.3mm 정도로 2~3번 연마해주기만 하면 된다. 이렇게 연마 후 대팻날을 세팅하여 사용하면 된다.

대팻날 보는 법

※ 주의 어미날과 덧날을 넣을 때 대팻집의 덧날막이로 인해 수직항력(물체가 누르는 힘)이 생긴다. 이때 덧날이 어미날보다 날입 쪽으로 먼저 나온다면 서로 누르는 힘에 의해 단단한 덧날이 약한 어미날의 날 끝을 부러트리는 경우가 발생한다. 이 경우 원점으로 돌아가 어미날 갈기부터 다시 시작해야 하므로 이런 사고가 일어나지 않도록 주의한다.

어미날과 덧날을 손으로 밀어 넣는다.

대패 바닥으로 날이 나온 정도를 보면서 어미날을 망치로 살살 때린다.

날이 한쪽으로 치우쳐 육안으로 수평이 맞지 않는다면 어미날의 좌우를 때려 수평을 맞춰준다.

덧날도 어미날 끝에 가깝도록 망치로 수평을 맞춰 날을 내려준다.

최대한 가까이 붙여주고 초보자라면 조금 여유를 두고 시작해도 된다.

날은 바닥으로부터 0.1mm(머리카락 두께) 정도 나오게 하고 덧날은 어미날 끝보다 0.3mm 정도 안쪽에 오도록 한다.

대팻날을 볼 땐 날을 잘 볼 수 있게끔 흰 벽을 향하고 눈의 각도에 맞춰 기울여 날을 관찰해야 한다. 날이 잘 안 보일 경우 대팻집 꼬리를 코에 붙이고 관찰하면 흔들림 없이 날을 자세히 볼 수 있다.

잘못된 시선으로 인해 날 끝 넘어 대패 머리 바닥이 보이고 있다.

날 끝만 볼 수 있게 눈과 자세를 교정했다. 조금 더 확대한 모습이다.

날을 볼 때 중요한 점은 날이 수평으로 얼마만큼 나왔는지 살펴보는 것이다.
수평이 맞지 않는다면 많이 나온 날의 어미날 옆을 때리며 수평을 맞춰준다.
얼핏 보면 별 차이 없어 보일 수 있겠지만, 왼쪽 날이 조금 더 많이 나와서 수평이 맞지 않아 수정해야 한다.

어미날이 많이 나왔을 경우 덧날이 튀어나오지 않도록 손으로 누르고 대팻집 머리 양쪽을 번갈아 때려 균형있게 나오도록 한다.

미세한 날 조정을 위해 날을 보면서 대팻집 머리 부분을 망치의 옆 부분으로 가볍게 쳐서 날이 안쪽으로 들어가게 해준다. 이 방법은 조금 숙달이 필요하고 자칫하다 대팻집이 쪼개질 수 있으니 가볍게 살살 때려줘야 한다.

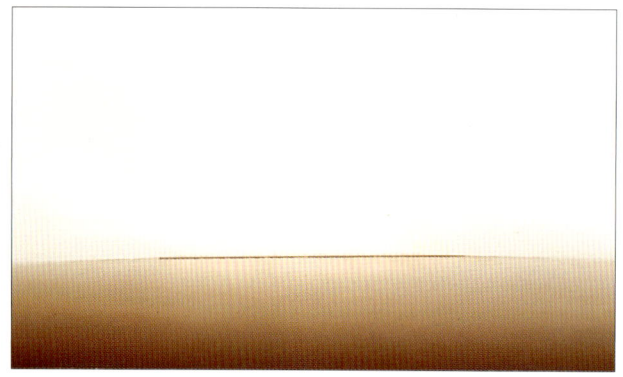

날은 수평으로 0.1mm 정도 아주 조금만 나와야 얇은 대팻밥이 나오고 대패질 시 큰 저항을 받지 않는다.

덧날과 어미날의 기본 세팅

각자에 따라 조금씩 다를 수 있으므로 개인의 버릇과 습관에 맞게 조정하여 사용한다.

날 간격의 차이만큼 대팻밥의 두께도 달라지며 마무리 세팅으로 어미날과 덧날의 끝을 붙일 경우 얇은 종이장 같은 대팻밥이 나온다.

대팻날의 각도

분류	수종	물매각	앞날 각도
무른 나무	오동나무, 노송나무, 소나무	31°~38°	24±1°
중간	느티나무, 벚나무, 티크, 마호가니	39°~42°	28±1°
단단한 나무	흑단	45°~90°	30°

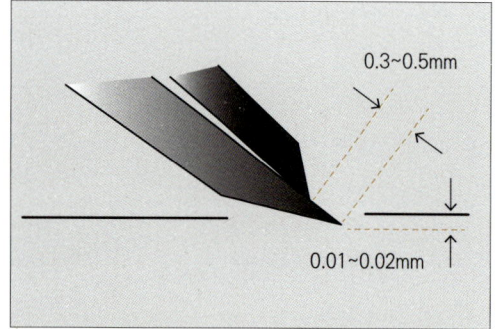

0.3~0.5mm

0.01~0.02mm

초벌	중벌	마무리
0.9~0.5mm	0.5~0.3mm	0.3mm 이하

대패 잡는 법

판재

각재

옆면 당겨깎기

옆면 밀어깎기

순결과 엇결 (대패질의 방향)

대패질을 할 때는 나뭇결을 잘 살펴본다. 결이 매끄럽게 밀리는 쪽을 순결, 거스러미가 일어나는 쪽을 엇결이라 한다.

대패질을 할 때는 순결 방향으로 깎아야 면이 고우며 힘이 덜 든다. 목재의 옆면을 보았을 때 결이 위로 올라가는 쪽으로 대패를 당기면 된다.

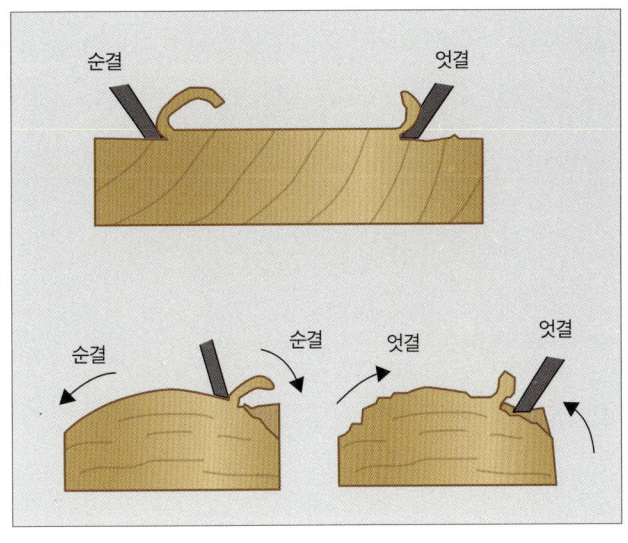

대패질은 나뭇결을 확인해 널거죽은 끝마구리에서 밑마구리(뿌리 부분) 쪽으로, 널안(속)은 밑마구리에서 끝마구리 쪽으로 나뭇결과 나란하게 한다.

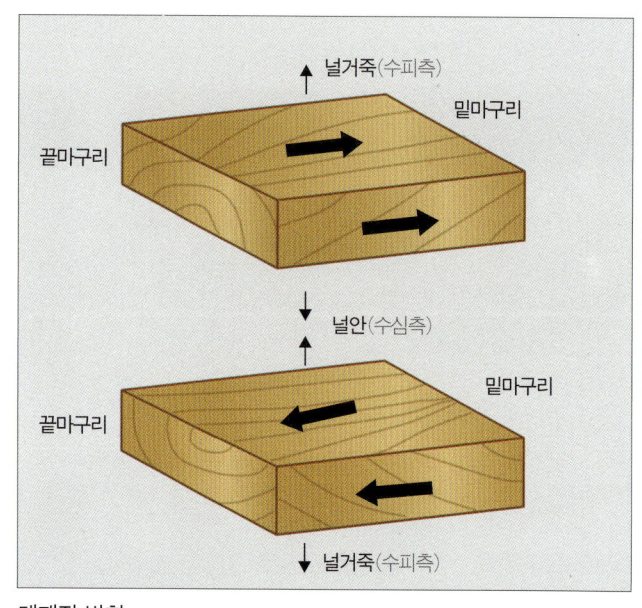

대패질 방향

대패질하기

각재를 대패질할 때 먼저 각재의 상태를 잘 살펴봐야 한다.

상태를 보고 휘어진 부분이 위로 오게 하여 가장 먼저 평면으로 대패질한다.

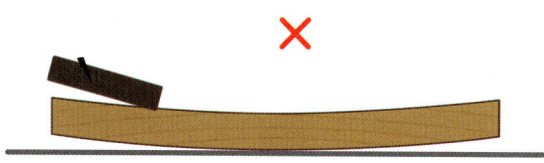

휘어진 부분을 바닥에 놓고 대패질하면 각재가 계속 움직여 수평을 맞추기 힘들다

순결에 맞춰 휘어진 부분부터 대패질을 하고 어느 정도 평이 맞으면 전체 면을 해준다.

전체 면을 대패질할 때 대팻밥이 도중에 끊기면 그 부분이 주위보다 낮은 곳이다. 대팻밥은 전체적으로 나와야 평이 맞는 것이다.

어미날과 덧날의 간격을 처음부터 너무 붙여서 하지 말고 천천히 줄여 나가는 연습이 필요하다.

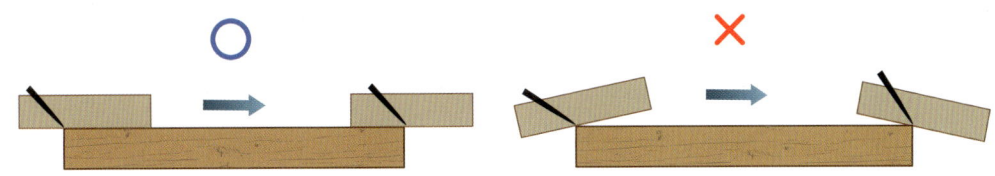

대패질이 끝날 때까지 대패 머리는 목재면에서 들리거나 숙여지지 않도록 한다. 그렇지 않으면 목재의 앞뒤 중 숙여지는 곳은 더 깎이게 된다.

대패질 시 대팻밥이 날입에 끼어 대패질을 원활하게 할 수 없게 되는 데 이를 방지하기 위해서는 그라인더나 숫돌로 어미날의 양쪽 끝을 약간 둥글게 연마해주어야 한다.

귀접이

처음 대팻날을 구입하면 일직선이다. 일단 일직선으로 연마한 후 사용하면서 천천히 모서리를 둥글게 연마하면 된다.

이는 각재의 경우에는 날의 중간 부분만 사용해 여러 번의 대패질에도 날 중심부만 사용하지만, 판재는 폭이 넓어 대팻날 전체를 사용

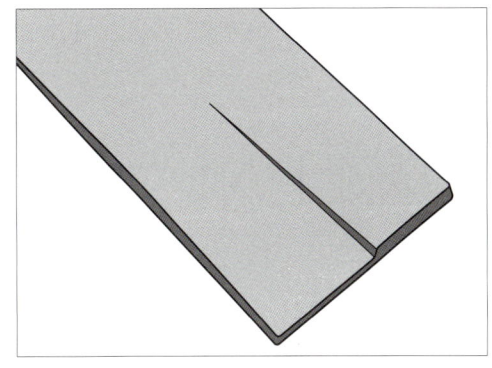

하기에 다듬을 때 날이 지나간 자리에 단차가 생기는 문제가 발생하여 이를 방지하고 모서리 찍힘이나 대팻밥이 끼지 않도록 해주는 역할을 한다.

귀접이 방법

세라믹숫돌 #1000으로 연마.

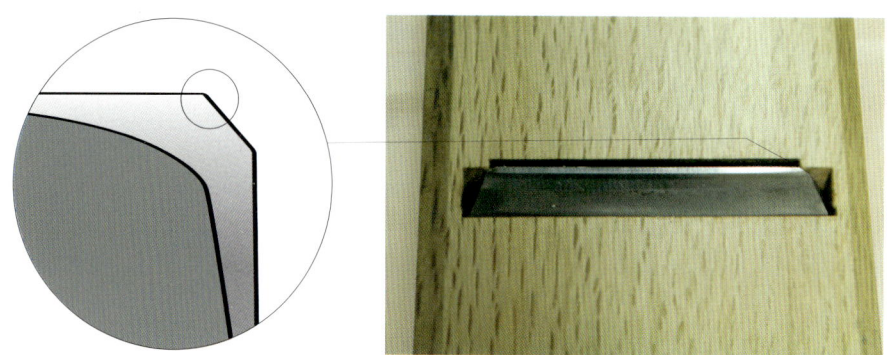

대팻날의 모서리를 약간 둥글게 연마한 상태.

오른쪽 앞날의 끝 부분만 숫돌과 접촉하고 왼쪽은 살짝만 든다.

귀접이할 땐 곡선으로 진행하며 숫돌이 파이지 않게 부드럽게 움직인다.

한쪽 귀접이를 잡을 때, 5번 정도의 횟수면 된다.

왼쪽도 같은 방식으로 한다.

귀접이의 쓰임

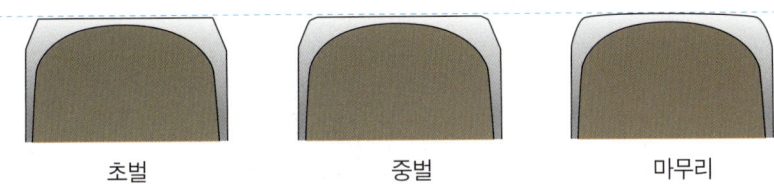

초벌   중벌   마무리

대패 바닥뿐 아니라 날의 각도에 따라 초벌, 중벌, 마무리로 나누어 쓴다.

마감 대패는 숫돌이 아닌 그라인더로 귀접이를 해준다.

날입에서 양쪽 귀접이한 부분까지 날을 빼면 목재에 닿아 효과가 없다.

귀접이를 해 놓으면 날이 귀접이 부분까지 마모되지 않는 한 다시 귀접이를 할 필요가 없다.

대패 보관

• 사용 중에도 햇빛이나 물이 닿는 곳에 두지 않도록 한다.

• 사용 후에 날은 날입보다 조금 더 들어가게 해서 상하지 않게 하고, 습기가 적은 장소에 보관해야 대팻집의 변형이 적다.

• 칼날을 보호하기 위해 가드한다.

• 대패는 옆으로 세워서 놓는다.

서양대패 벤치플레인

　일본대패는 어미날과 덧날의 간격을 망치로 맞춰야 하는 감각을 익히는 것이 중요하다. 반면 서양대패는 어미날과 덧날의 간격을 맞추고 덧날 고정 나사로 조여주기만 하면 된다. 또한 날 조정 노브를 통해 날 세팅을 아주 쉽게 조정할 수 있으며 미는 힘만으로도 안정적인 대팻밥을 얻을 수 있다.

이처럼 서양대패는 사용하기 편리하지만 종류가 다양하고 생소한 용어들을 알아야 하기 때문에 좀 더 쉽게 접근할 수 있도록 기초적인 설명을 하면 다음과 같다.

현재의 서양대패는 영국의 스탠리^{Stanley}사와 레코드^{Record}사의 제품을 표준으로 만들어졌다. 작업대 위에 놓고 자주 사용하기 때문에 벤치플레인$^{Bench\ Plane}$이라 부르며 가장 작은 사이즈는 No.1에서 시작하고 숫자가 올라갈수록 큰 대패 사이즈로 나눠진다.

서양대패의 시작은 먼저 대패를 만드는 회사를 알아두는 것이다. 그러면 선택의 폭이 줄어든다.

서양대패는 현재 미국 목공구 전문회사인 리넬슨$^{Lie-Nielsen}$, 캐나다의 베리타스^{Veritas}, 중국 OEM 생산의 우드리버^{WoodRiver}, 중국 우드리버에서 제작한 루반^{Luban} 등 다양한 업체에서 생산하고 있다.

서양대패의 종류

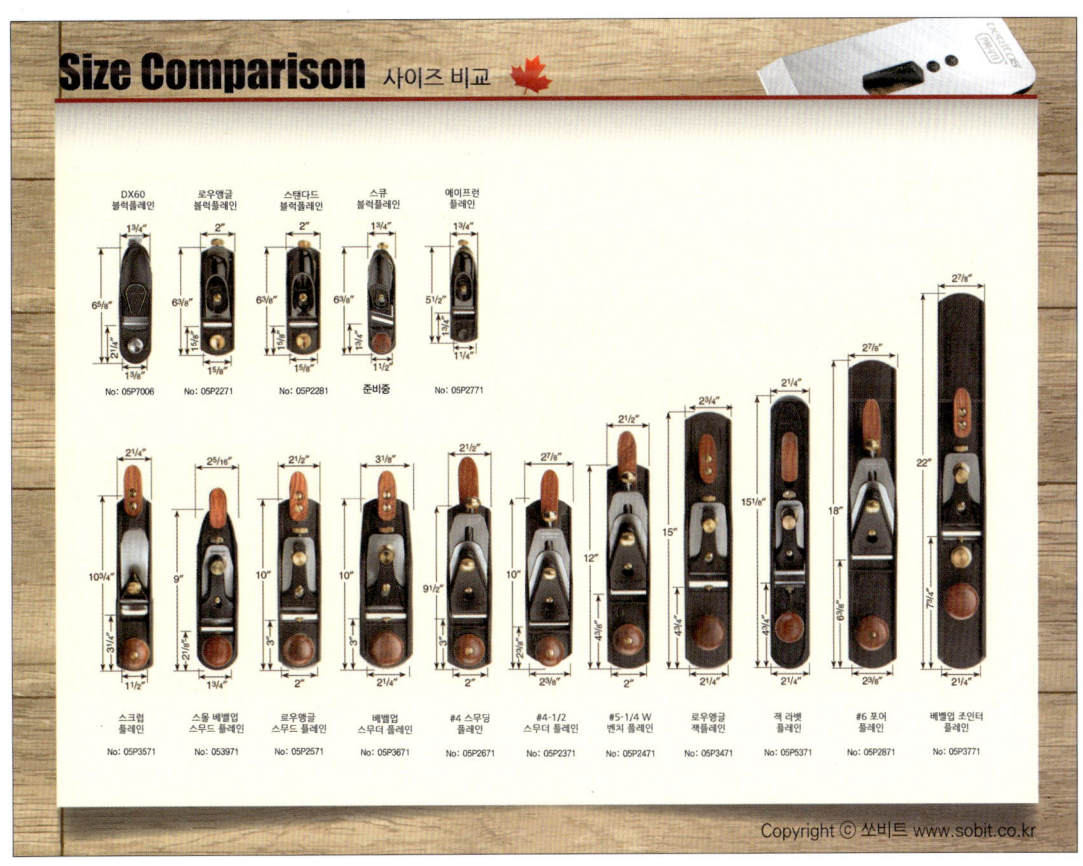

서양대패는 종류가 워낙 다양하기 때문에 처음 접하면 어렵고 낯선 용어에 당황하게 되며 구별이 쉽지 않다. 먼저 닉네임과 용어를 기억한 후 용어들을 조합하면 대패의 분류가 가능하니 기본 용어들을 소개하겠다.

서양대패는 쓰임새와 크기에 따라 닉네임이나 번호로 분류한다.

No.1~3

1번부터~3번까지는 닉네임 없이 번호로 불린다.

사이즈가 작은 대패로 소형 대패인 블럭플레인(53p 참조)으로 충분히 대체 가능하기 때문에 많이 사용되지 않는다.

No.4 스무드플레인 Smooth Plane

마무리대패로, 가장 일반적으로 사용되는 벤치플레인이다.

마무리 작업, 트리밍 부분과 다양한 대패질이 가능한 크기로, 손이 작은 동양인 체형에 맞아 피로도가 적다.

- No. 4-1/2은 4번보다 길이와 폭이 조금 더 넓은 대패로, 손이 큰 사람이 사용하기 좋으며 날이 더 넓어 작업을 빨리 할 수 있다.

No.5 잭플레인 Jack Plane

5번 잭플레인은 다용도로 사용 가능한 대패이다. 목재를 평평하게 만들거나 살을 덜어내는 등 초기 스무딩 작업에 유용하며 작업물에 따라 목재를 네모 반듯하게 맞추는 작업에도 좋다.

리넬슨 사의 5번은 잭플레인이 포함되어 있다면 베리타스의 5번 잭은 커스텀 라인에만 있다.

• No. 5-1/2은 5번 대패보다 조금 더 큰 대패로, 묵직함 덕에 대패가 잘 밀리기도 한다.

No.6 포어플레인^{Fore Plane}

초벌대패라고 생각하면 된다. 목재의 거친 표면을 다
듬을 때 사용한다.

No.7~8 조인터플레인^{Jointer Plane}

중벌 대패로 대패 중 가장 크며 넓은 판재의 수평을 잡아준다.
예를 들면 자동대패보다 큰 사이즈의 목재 평을 잡을 때 사용한다.

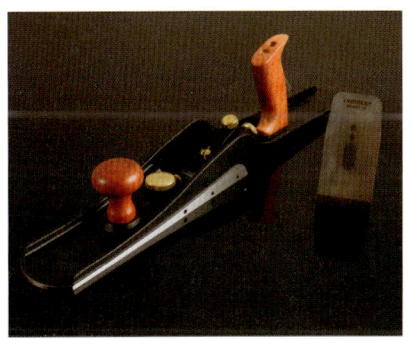 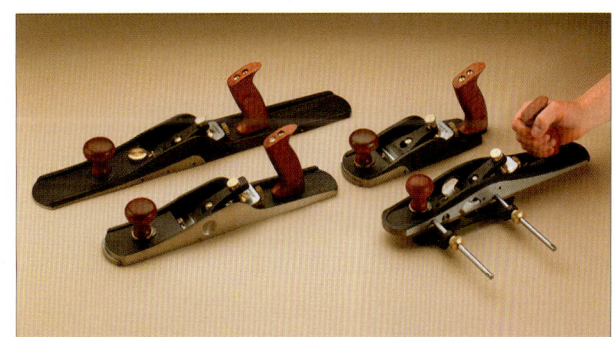

서양대패의 구조

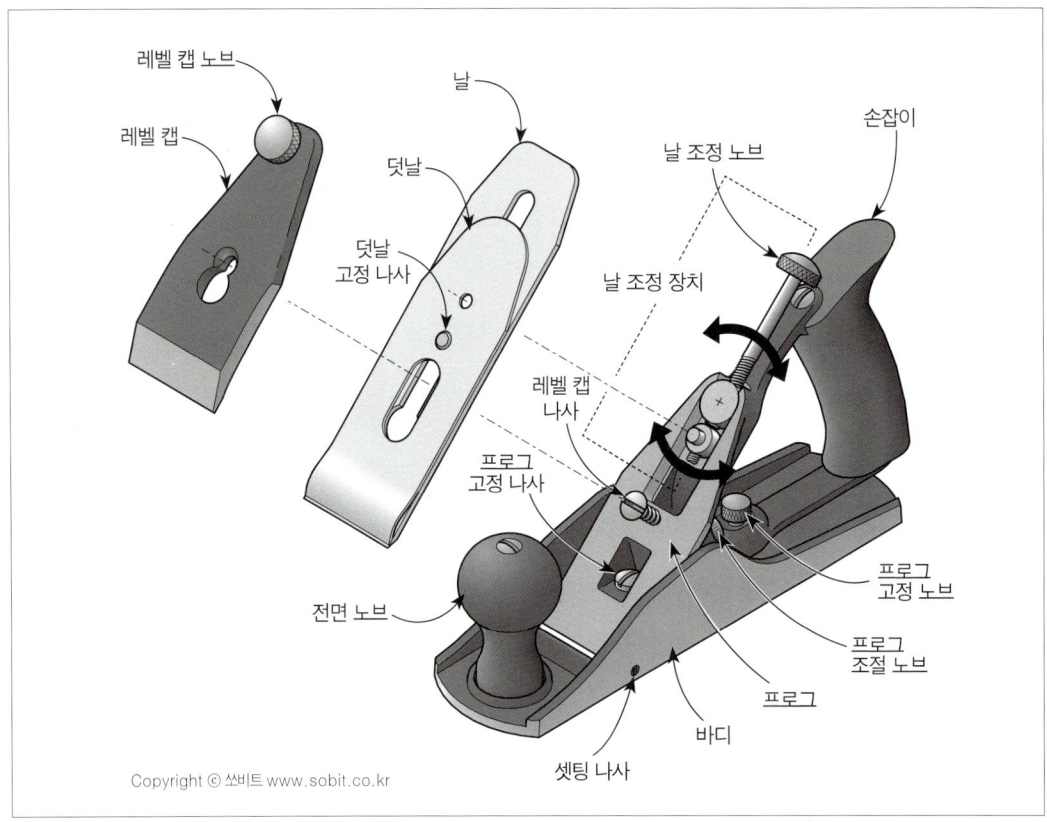

레벨 캡 노브

레벨 캡

날

손잡이

덧날

날 조정 노브

덧날
고정 나사

날 조정 장치

레벨 캡
나사

프로그
고정 나사

전면 노브

프로그
고정 노브

프로그
조절 노브

프로그

바디

셋팅 나사

VERITAS #4 Smooth Plane(베벨다운)

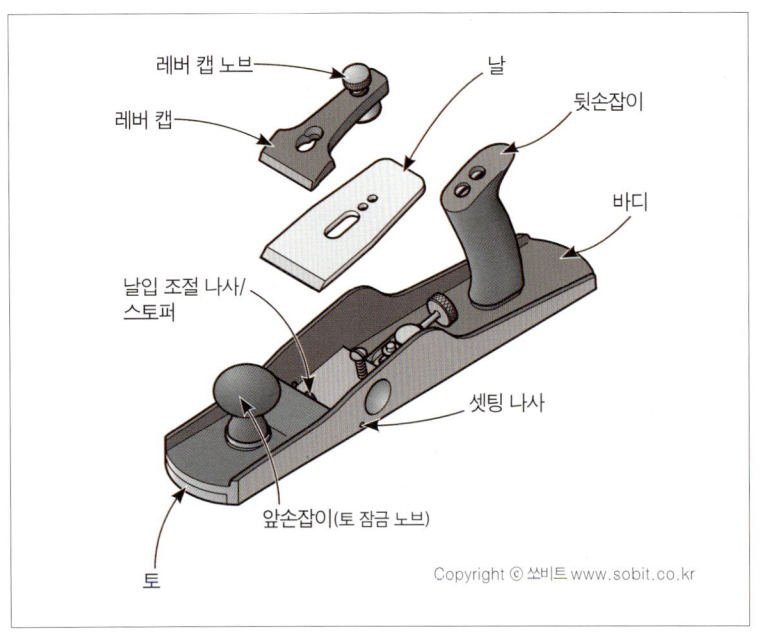

레버 캡 노브

날

뒷손잡이

레버 캡

바디

날입 조절 나사/
스토퍼

셋팅 나사

앞손잡이(토 잠금 노브)

토

VERITAS Bevel-Up
Smoother Plane(베벨업)

서양대패는 베벨업^{Bevel-up}과 베벨다운^{Bevel-Down}의 2가지 방식으로 나뉜다.

베벨업과 베벨다운의 차이점

가장 크게 두 종로 나뉘는 베벨업^{Bevel-up}과 베벨다운^{Bevel-Down}을 구분해야 절삭각을 이해할 수 있다. 그 후 대패는 크기 차이일뿐이다.

어떻게 구분할 수 있는지 살펴보도록 하자.

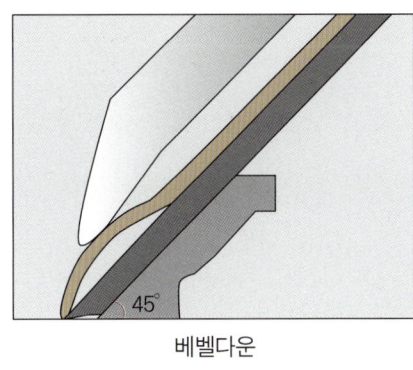
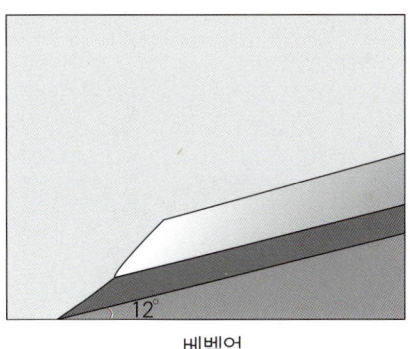

베벨다운　　　　　　　　　　　　　　　　베벨업

먼저 베벨이란 앞날 연마면이 위로 향하느냐 또는 아래 방향으로 향하느냐에 따라 구분하며 베벨의 방향에 따라 덧날의 유무가 결정된다.

베벨업^{Bevel-up}은 로우앵글플레인^{Low-Angle}(:저각) 혹은 베벨업플레인으로 불리며 덧날^{Iron Cap}이 없다.

흔들림을 방지하기 위해 덧날 대신 레버캡^{Lever Cap}이 날을 누르고 있어 구조가 간편하며 날마다 연마각을 달리하여 교체 사용할 수 있어 절삭각을 바꿀 수 있다는 장점이 있다.

베벨다운^{Bevel-Down}은 날의 각도를 정하는 45°의 프로그^{Frog}(날이 눕는 베드이며 절삭각을 결정)라는 부품이 있으며 덧날을 사용한다.

날의 이해(절삭각)

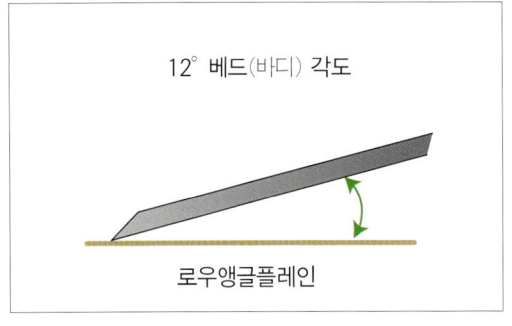

12° 베드(바디) 각도

로우앵글플레인

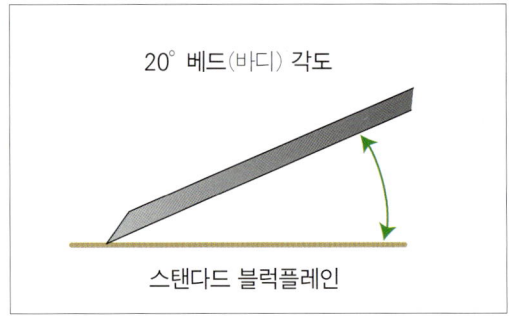

20° 베드(바디) 각도

스탠다드 블럭플레인

대패 바디에서 베드Bed는 동양대패의 물매각 정도로 이해하면 된다.

베벨업의 로우앵글 베드는 저각 12°에 맞춰져 있고 스탠다드 베드는 20° 기본 베드로 나뉜다.

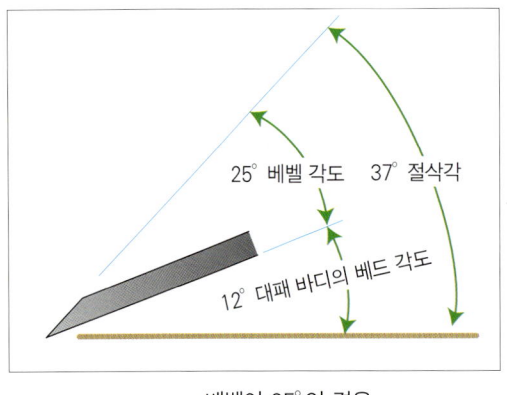

25° 베벨 각도   37° 절삭각

12° 대패 바디의 베드 각도

베벨이 25°인 경우

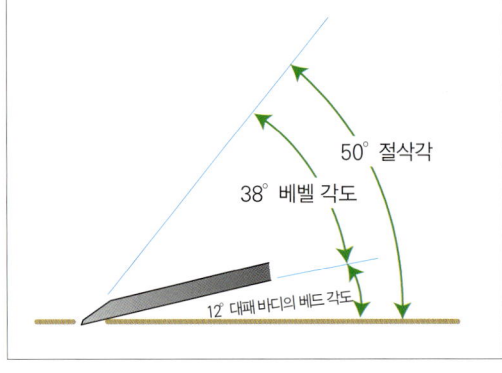

50° 절삭각

38° 베벨 각도

12° 대패 바디의 베드 각도

베벨이 38°인 경우

베벨업의 기본 로우앵글 베드는 12°이며 25°의 베벨 날을 끼우면 12°+25°=37°로 절삭각이 나온다.

베벨(앞날) 25°의 날은 소프트우드나 마구리면 트리밍 작업에 유용하다. 하드우드의 경우 고각으로 하기 위해 25° 날에 이중각(마이크로베벨: Micro Bevel)으로 38°로 연마해주면 된다. 12°+38°=50°의 절삭각이 된다. 대표적으로 고각은 38°, 50°로 연마해 사용한다.

여기서 이중각은 베벨 25° 날이 38°가 되며 전체를 연마하기엔 시간이 걸리니 날 끝

1mm 정도만 38°로 연마하는 방법이다. 이는 여러 각도의 날을 구비하면 교체 비용이 들기에 앞날만 이중각을 주어 원하는 가공각을 만들기 위해서이다.

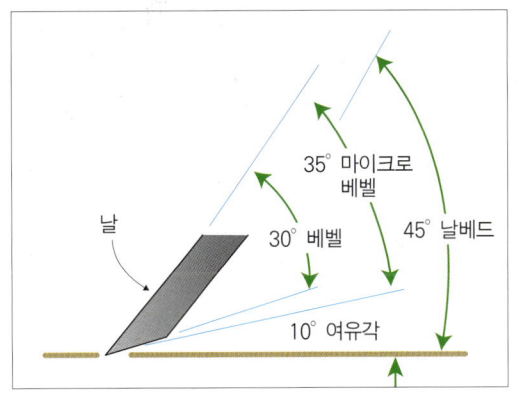

하드우드의 이중각(마이크로베벨)

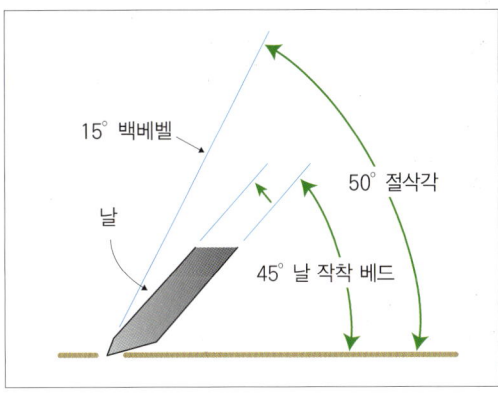

베벨다운의 백베벨

베벨다운의 기본 베드는 45°로 날 끝이 아래 방향이기에 절삭각 또한 45°로 아무런 변화가 없다. 고각을 요구하는 스무딩 작업을 하기 위해 백베벨^Back Bevel(베벨면의 반대쪽을 깎아 연마)을 해주면 더욱 고각으로 사용할 수 있다.

백베벨로 5° 연마하면 5°+45°=50°의 절삭각이 된다. 엇결이나 복잡한 결은 15°로 해주면 60°의 절삭각이 되어 더욱 깨끗한 면을 만들어준다.

블럭플레인

기본 플레인 중 하나인 블럭플레인은 무엇보다 작기 때문에 다용도로 사용하기 간편하다.

앞서 로우앵글의 베드는 12°, 스탠다드는 20°로 각각 25°의 날을 올리면 절삭각은 37°와 45°가 된다.

블럭플레인은 스무드플레인과 하는 역할이 비슷하기 때문에 목재의 표면 마무리, 직각잡기, 마구리면을 다듬을 때 사용한다. 작기 때

문에 기계로 하기엔 위험 부담이 있는 작은 목재나 사선작업 등에 쓰이며 여러모로 꼭 가지고 있어야 하는 대패이다.

솔더플레인-라지

솔더플레인-홈다듬기

솔더 전체

그 외 숄더플레인$^{Shoulder\ Plane}$은 장부에 특화된 대패로, 끌로 다듬을 때보다 더욱 깔끔하게 정리하는 데 뛰어나다.

대패 구입

그렇다면 어떤 대패를 구입해야 할까?

대패를 종류별로 구입할 필요는 없다. 초기에 구입하는 대패는 주로 #4 스무드플레인과 블럭플레인을 추천하고 있다.

대패 사용 방식은 각자 조금씩 다르기에

손이 좀 큰 사람은 4번 스무드플레인 대신 4-1/2과 재주가 많은 잭플레인 등을 추천한다.

목재는 대패가 베벨업인지 베벨다운인지 모르니 사용하기 편한 대패를 구매하면 된다.

그리고 사용 용도에 따라 필요한 대패는 추가 구매하는 방법이 좋다.

날 연마

베리타스 벤치플레인은 구매 후 바로 사용할 수 있게 연마된 상태이지만 이중각을 주어 더욱 예리하게 연마해주어야 한다.

이 책에서는 덧날이 있는 4번 스무드플레인과 같이 목재의 표면을 매끄럽게 마무리하는 로우앵글 스무드플레인^{Low-Angle Smooth Plane}으로 날 연마를 해보겠다.

이 대패의 장점은 덧날과 프로그가 없는 베벨업으로, 구조가 간단하고 날 연마에 따라 절삭각도 달라지니 편리한 제품 중 하나이다.

준비물 세라믹 #1000, 5000, 12000

출시할 때부터 날의 평이 잡혀서 나오기 때문에 조금만 연마해주면 된다.

항상 뒷날이 위를 향해 놓여야 한다.

뒷날

#1000에서 날을 엄지와 검지로 잡고 왼손으로 앞날을 누른 뒤 숫돌에 뒷날을 3cm 정도 올리고 연마해준다. 날 끝에서 1cm 정도만 전체적으로 균일한 색상으로 하얗게 연마해준다.

#5000에서 연마해준다.

마지막 #12000에서 거울과 같이 경면으로 연마해주면 된다.

앞날

앞날은 기본각 25°로 연마가 되어 있다.
소프트우드나 엇결이 심하지 않는 것은 38°, 하드우드나 엇결이 심할 경우에는 50°의 이중각으로 연마해주어야 하므로 사용할 목적에 따라 선택하면 된다.

서양대패는 호닝가이드를 사용하는 게 가장 정확하다. 호닝가이드를 사용하여 날 끝의 1mm 정도만 38°로 연마해주면 된다.

검지로 날을 누르고 엄지로 호닝가이드를 밀어주면서
부채꼴 모양으로 숫돌의 전체면을 이용해 연마해준다.

#1000, #5000, #12000 순으로 날 끝 1mm만 경면
을 만들어주면 된다.
마지막엔 날넘이 뒷날로 넘어왔기에 #12000에 뒷날
을 다시 한 번 연마해 넘어온 날을 제거한다.

마감을 하는 스무더플레인$^{Smooth Plane}$ 날은 일직선으로 스무딩 작업 시, 폭이 넓은 판재는
날의 양 모서리를 둥글게 연마하거나 전체적으로 둥글게 연마해야 한다. 앞서 대패의 귀접이
방식과 같이 날의 모서리 찍힘을 방지하기 위해 둥글게 연마해준다.

일단 일직선으로 연마한 후, 사용하면서 천천히 모서리를 둥글게 되도록 연마하면 된다.

일직선으로 연마   모서리를 약간
둥글게 연마   중간이
볼록하게 연마

모서리 가장자리 연마하기

대패 셋팅

대패 셋팅은 어떻게 하는지만 익히면 쉽다.

날 조절 장치^{Adjuster}는 두 가지 역할을 한다.

A 좌·우로 밀어 날의 수평을 맞춰준다.
B 날을 앞으로 밀어주거나 뒤로 당겨주는 역할로, 날 깊이를 조절할 수 있다.

준비된 날을 대패에 최대한 바르게 장착하도록 한다.
날을 조절 장치 위에 놓는다.

레버캡을 올릴 때도 똑바로 위치를 잡아준다.
레버캡 노브를 조일 때 움직이지 않게 레버캡을 살짝 눌러 조인다. 이때 너무 꽉 조이면 문제가 발생한다.

날 깊이 조절을 하기 앞서 미리 날입을 최대 크기로 열어주고 날 깊이를 조절하도록 한다.

토^{Toe}(대패 바닥의 앞 부분) 고정 노브와 날입 조절 나사로 날입 간격을 빠르고 쉽게 세팅할 수 있다.

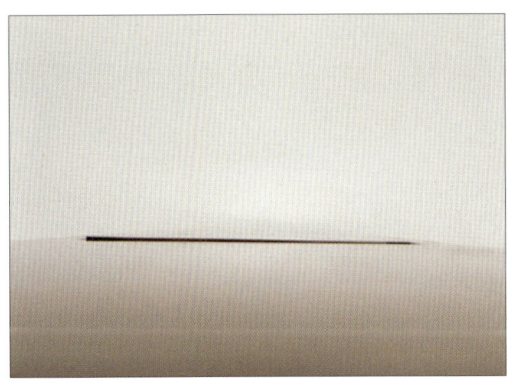

날 끝을 확인하기 위해 날을 1.6mm~3.2mm 정도 바닥에서 튀어나오도록 해준다.
사진에서는 수평이 맞지 않고 왼쪽으로 날이 살짝 더 나와 있다.

날이 기울어 있다면 수평을 맞춰준다.
날이 왼쪽으로 더 나와 있다면 조절 장치를 왼쪽으로 살짝 밀면 된다.

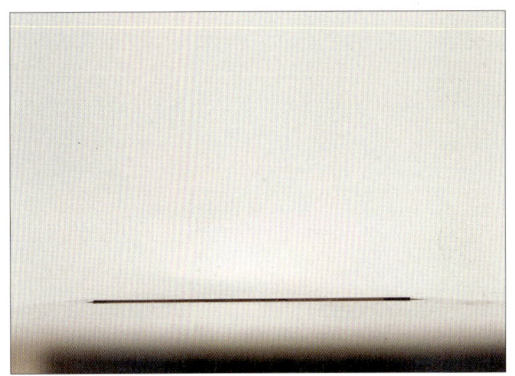

다시 날 끝이 수평인지 확인한다.
수평을 맞췄다면 1차 세팅이 완료되었으니 날 조절 장치를 돌려 날을 최대한 뒤로 빼 줌으로써 대패질이 전혀 되지 안도록 한다.

판재에 대패를 앞뒤로 움직이면서 한 손으로 날 깊이를 조절한다. 절삭이 일어나는 시점까지 날을 내린다. 만약 한쪽에서만 대팻밥이 밀리고 있다면 날이 기울여져 있다는 뜻이다. 조절 장치를 이용해 다시 한 번 날의 수평을 맞춘다.

대팻밥의 좌우가 모두 일정한 두께로 나와야 한다. 수평조절을 완료했으나 대팻밥이 두꺼우면 날을 약간 올리면 된다.

앞손잡이를 돌려서 날입 간격을 좁혀주면 더욱 얇은 대팻밥을 볼 수 있다.

백래쉬

백래쉬backlash는 대패질 중 대팻날이 밀리는 현상을 말한다. 날의 셋팅이 바뀌면 다시 셋팅해야 하므로 날 셋팅 마지막 단계에서 날을 내리면서 맞춰줘야 한다.

바닥 세팅

새로 구입한 대패는 바닥의 평을 따로 손볼 필요는 없다.

만약 중고로 구입한 대패가 평활도가 맞지 않아 빛샘 현상을 보인다면 왼쪽과 같이 해주면 된다.

유리정반 위에 호라이 접착사포 평잡기용 #60을 붙이고 대패 바닥에 매직으로 표시한다.

연삭하는 중간중간 가루가 쌓이면 집진기로 제거해주면서 평 작업을 한다.
아직 전체적으로 평이 맞지 않아 얼룩이 남아 있다.

호라이 사포 #60, #80 순으로 하면 빠른 연삭이 가능하여 시간 단축에 도움이 된다.

대패 바닥은 광이 날만큼 너무 가는 것보단 마찰력이 필요하니 #80까지만 연마해주면 된다.

바닥이 너무 거칠다고 느껴진다면 일반사포 #220, #400 순으로 다듬어준다.

대패질 하기

자세를 잡고 왼손은 살짝 누르면서 오른손으로 밀어준다.

관리

쇠는 공기와 접촉하면서 서서히 녹이 슬게 되므로 면에 방청윤활제를 발라 가볍게 닦아 줌으로써 미리 녹을 방지할 수 있다.

03

끌&톱

끌

망치로 한쪽 끝을 때려서 나무에 구멍을 뚫거나 겉면을 깎고 다듬는 데 쓰는 연장이다.

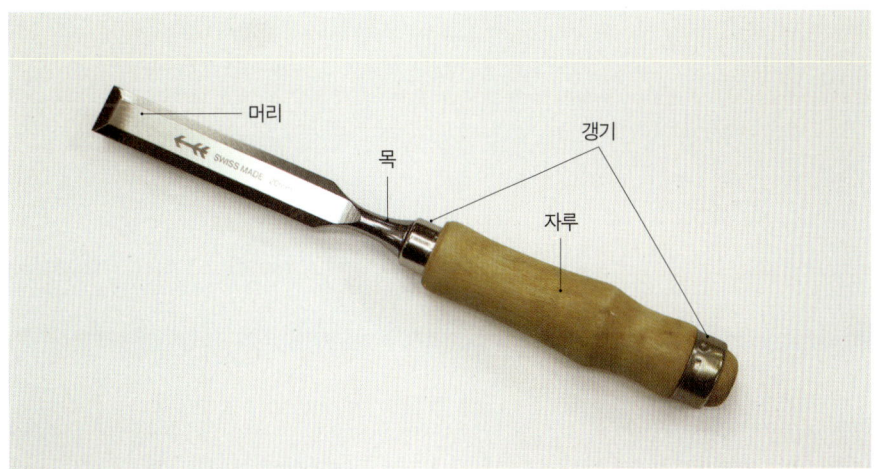

자루는 박달나무, 물푸레나무, 참나무 등 잘 쪼개지지 않는 단단한 나무를 쓴다. 갱기는 자루의 끝에 두른 링으로, 망치로 때릴 때 나무 자루가 쪼개지지 않도록 잡아주는 역할이다. 조선 끌은 통쇠로 되어 있어 자루가 없다.

밀끌(28~35°): 가슴이나 턱으로 밀어 쓰는 밀끌은 목재의 장부나 홈을 다듬을 때 많이 쓴다.
때림끌(35~40°): 망치로 머리를 때리면서 쓰는 때림끌은 흔히 구멍이나 홈을 팔 때 사용한다.

구멍을 팔 때 때림끌과 다듬는 밀끌을 구분해 사용하는 것이 장비도 보호하고 힘도 덜 들며, 깨끗한 결과를 가져온다. 내구성이 좋은 끌을 구매해야 한다.

준비물 평끌, 세라믹숫돌(#1000, #5000).

끌을 갈 때는 앞날 각은 28~35°로 중·저각을 유지하면서 뒷날은 반듯하게 갈아야 한다. 대패의 어미날보다 작고 더 가벼워 훨씬 수월할 것이다.

끌도 대팻날과 같아 처음에 뒷날을 잘 내면 날이 깨지지 않는 한 앞날만 갈면 된다. 날이 무뎌졌다고 뒷날 먼저 내고 앞날을 갈다 보면 힘도 들지만 날도 얇아지므로 앞날을 갈아 갈린 날이 뒤로 넘어갈 때만 뒷날을 가는 것이 좋다.

비교해볼 수 있도록 낡은 끌로 작업할 예정이다.
먼저 숫돌의 평을 잡아 놓는다.

뒷날 내기

오른손은 자루와 쇠목을 잡고, 왼손은 끌의 윗면을 누르고 숫돌과 밀착시켜 당길 때가 아닌 밀 때 갈아주는 느낌으로 갈아준다(#1000).

뒷날은 평에 맞춰 고르게 광이 나오도록 한다. 앞날은 일직선이어야 한다(#5000).

앞날 갈기

끌 앞날은 면적이 좁아 각도 조절이 어렵다. 이럴 땐 눈으로 앞날이 숫돌에 닿는지 확인하면서 각도를 유지하며 천천히 밀어준다(#1000).

거울처럼 경면을 만들어준다(#5000).

호닝 가이드를 이용하면 보다 효과적으로 앞날 갈기
가 가능하다

갈기 전, 후를 비교해보면 확연한 차이를 느낄 수 있을 것이다.

단순하게 생겨 쉬울 것 같아도 쉽지 않은 것이 끌이다. 실제론 어렵고 힘들며 사고 위험이 높아 주의가 필요
하다.

끌의 사용법

1 날은 잘 갈아 놓는다.

2 끌질 각도는 90°를 유지한다.

3 손목 힘이 아닌 턱과 가슴으로 힘을 조절한다.

4 왼손은 항상 끌목을 잡고 있어야 하며, 손은 사진처럼 날 뒤쪽에 있어야 한다.

5 부재가 두꺼우면 여러 번 나누어서 끌질한다.

끌질 하는 방법

1 먼저 홈의 사이즈에 맞춰 금긋기 칼로 칼선을 미리 넣어야 경계선이 생겨 깔끔하게 끌질할 수 있다.

2 목재는 끌질용 받침대 위에 놓고 움직이지 않도록 클램프를 사용한다.

3 목재의 나뭇결 방향으로 끌질을 하면 목재가 갈라지기 쉬워 나뭇결과 수직이 되는 방향부터 해야 한다. 가공할 구멍에 끌질을 할 때는 가운데부터 시작하며, 목재를 들어올릴 때 앞날은 날이 깨지기 쉬우므로 뒷날을 기준으로 들어올린다.
끌의 날 두께만큼 목재의 섬유질이 밀려 저항이 가운데로 전달되어 칼금 선을 벗어나지 않게 만든다. 칼금선부터 작업한다면 2mm 정도 안쪽부터 한다.

4 무른 나무는 날이 예리하지 못하면 나뭇결이 움푹 들어가기만 할 뿐 잘리지는 않는다. 이럴 경우 끌 끝에 물이나 기름을 묻쳐 다듬으면 나무의 조직을 단단하게 만들어준다.

5 A처럼 망치로 때리고 바로 들어올리면 부재와 함께 통통 튀면서 힘의 전달이 상쇄되어 날이 깊게 들어가지 않을 뿐만 아니라 갱기를 가까이 잡으면 망치로 인해 손을 다칠 염려가 있다. B처럼 타격하고 눌러줘야 힘이 실려 깊게 박힌다.

6 관통 구멍을 뚫을 땐 절반씩 나눠가며 뚫어준다. 한쪽에서만 작업하면 반대편에 뜯김 현상이 나와 매끄럽지 못한 결과가 생긴다.

7 뜯김 현상을 막기 위해 반대편에도 연필선을 넣어준다. 칼금선만 넣어주고 끌질하면 경계선을 구별하지 못하는 경우가 발생한다.

8 실제로 이렇게 깊은 홈은 시간과 체력이 많이 소모되니 각끌기나 드릴프레스를 이용하고 끌로 다듬어준다.

톱의 구조

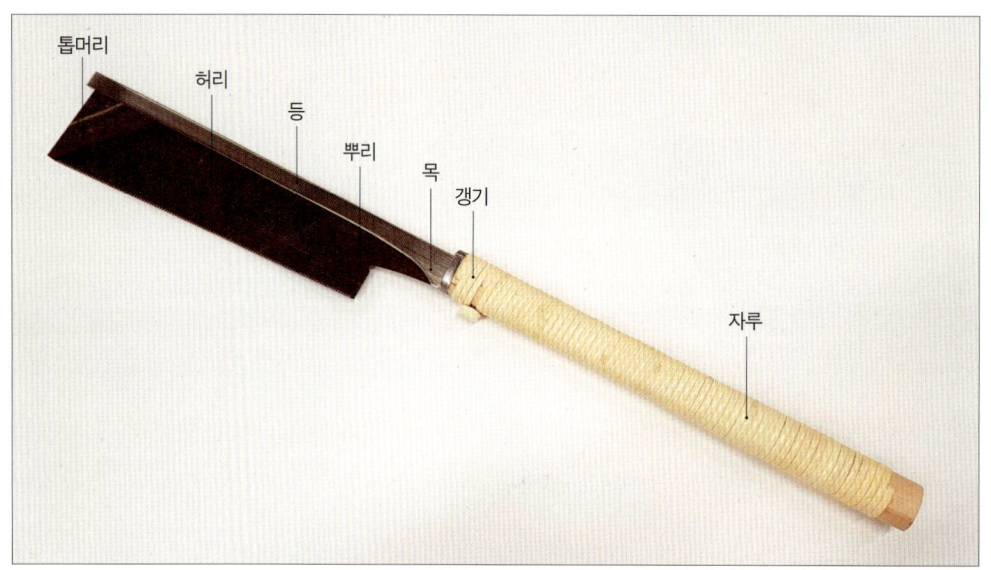

톱은 주로 목재를 자르거나 켤 때 사용하는 공구이다.

목재를 바르게 자르는 것은 그만큼 시간과 노력을 아낄 수 있는 중요한 요소이다.

세로켜기와 가로켜기 톱을 간단하게 이해하는 방법은 다음과 같다.

자르기와 켜기

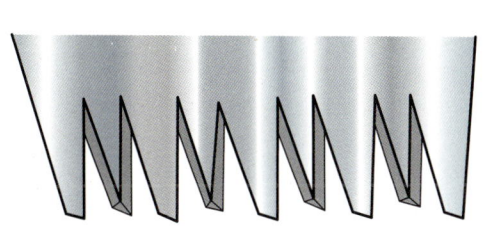 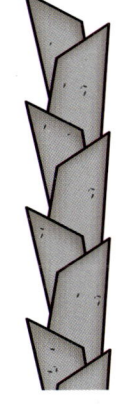

자르는 날

가로로 자를 때 쓰는 톱으로, 나무의 섬유질을 끊어야 하기에 톱날의 개수가 많으며 날각이 있어 목재에 깊이 파고들지 못하도록 한다.

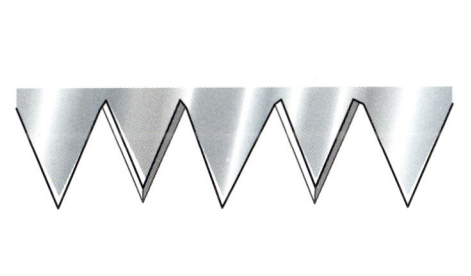 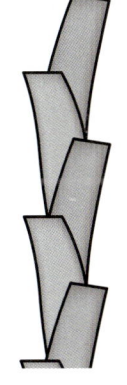

켜는 날

세로로 켤 때 사용하며 톱날의 끝이 뾰족하다. 톱날은 한 개씩 엇갈려져 있어 톱밥이 잘 배출되도록 하고 마찰이 적다.

톱질 기초

목재에 연필선을 긋고 클램프로 움직이지 않게 고정시킨다.

톱은 처음 시작할 때 기본적으로 자루의 1/3 위치를 잡아준다.

톱길을 낼 때 왼손 엄지손톱을 선에 (또는 연필선 끝 부분에 엄지손가락을) 대고 톱날이 수직으로 기울지 않게 천천히 당기면서 앞날로 살짝 톱길을 낸다. 톱날이 흔들린다면 보조기구인 나무 연귀자를 사용해도 된다.

연귀자는 90°와 45°로 구성되어 목재에 걸쳐 톱날이 바르게 자르도록 가이드 역할을 한다.

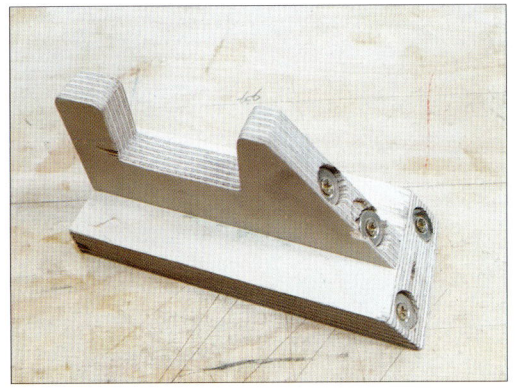

연귀자에 자석을 고정하면 톱날이 붙어 안정적인 톱질이 가능하다.

톱길을 만들었으면 안정적 톱질을 하기 위해 자루의 중앙 위치를 잡아준다.

다리는 직선상에서 오른발을 뒤로 빼주고 톱날과 손잡이, 톱 위에 있는 손과 팔이 일직선을 이루어야 한다. 팔은 겨드랑이에 붙이는 느낌으로 톱질을 해야 각도와 방향이 흔들리지 않고 한 방향으로 나무를 자를 수 있다. 톱질할 때 팔꿈치가 옆구리를 넘어가면 방향이 틀어져서 톱이 흔들려 나무가 잘못 잘리게 된다.

톱날 전체를 사용하여 누르는 힘 3, 당기는 힘 7의 비율로 톱질한다.
톱질은 날의 앞쪽과 뒤쪽까지 전체 날을 사용해야 마모가 균등하게 되어 날을 보다 오래 쓸 수 있다. 마음을 급하게 먹지 말고 천천히 진행한다.

목재를 깔끔하게 마무리할 수 있도록 톱의 앞날만 사용해 천천히 진행해 자른다.

톱질을 잘하면 정확한 부재를 만들 수 있고 그만큼 끌이나 대패를 사용하지 않아도 된다.
초보자가 똑바로 선을 자르기는 어려우니 많은 연습과 노력이 필요하다.

04

목공 기계

나무만 있다고 가구가 되는 것이 아니라 자르고, 켜고, 다듬을 수 있는 목공기계도 필요하다. 취목인이라면 한 번쯤은 장비에 대한 욕심을 가져봤을 것이다. 저 장비만 있다면 조금 더 편하게 좋은 가구를 만들 수 있을 것이라는 아쉬움도 경험해봤을 것이다. 그래서 제4장에서는 장비를 준비하고자 하는 취목인을 위해 각 기계에 대한 사용법을 기본부터 간단하게 설명할 예정이다. 그리고 〈판재 집성하기(146p 참조)〉에서 실제로 사용해볼 예정이다.

안전사항

1 응급처치할 수 있는 연고 등을 항상 준비해둔다.

2 가까운 외과병원의 연락처 및 위치를 확인해둔다.

3 술을 마셨을 때는 절대로 작업하지 않는다.

4 작업이 끝나면 항상 공방을 청소한다.

가구 마감 후 모아둔 오일천은 자연 발화될 수 있으니 주의한다.

5 모든 전기 기계는 각별히 주의한다.

6 기계 사용 시 보호 장비를 적절히 이용한다.

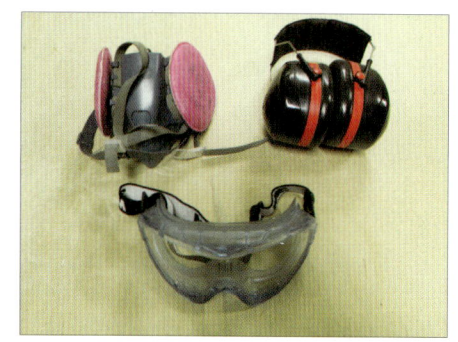

참고로 여기서 사용하는 기계의 스펙도 정리해 참고할 수 있도록 할 예정이다.

공방에서 사용하는 기계는 여러 사람이 사용해서 세팅이 제각각이므로 자신의 조건과 다를 수 있음을 항상 기억해두어야 한다.

전기 (단상 & 삼상) 알아두기

우리가 사용하는 전기는 교류로, 보통 단상이라 하고 220V를 쓴다. 그런데 힘이 더 필요하거나 각 나라별 전기 규정이 다르기 때문에 그에 맞춰 사용해야 한다. 그래서 먼저 간단하게 배전반을 설명하고자 한다.

단상이라 부르는 가정용 전기는 3선 220V을 사용하고, 삼상이라 부르는 산업용 전기는 380V 4선을 사용한다.

380V		220V	
①	사용하지 않음	④	수압대패
②	테이블쏘	⑤	자동대패
③	밴드쏘	⑥.⑦	사용하지 않음

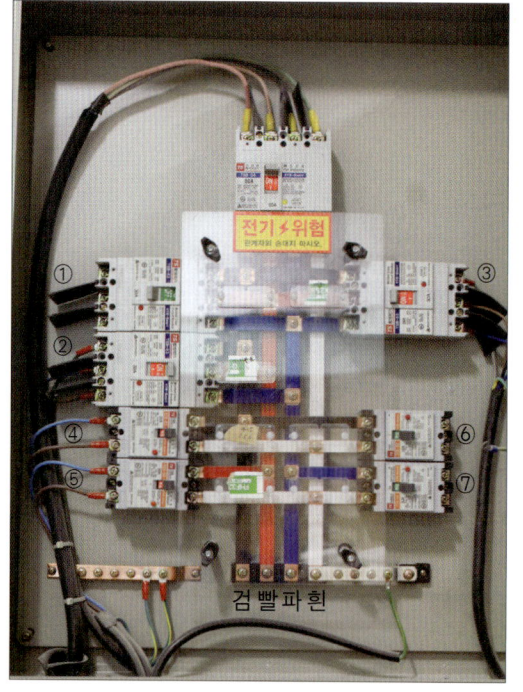

분전함 사진을 살펴보자. 검정, 빨강, 파랑, 흰색 중 ①~③번의 큰 차단기에 검, 빨, 파 3개만 연결되어 있는 것은 삼상 4선식 380V이고,

④~⑦번은 220V이다. 단상은 흰색선을 끼고 연결되어 있다.

　단상 : 일반 가정집 전기 (접지 포함 전기선 3개)

　3상 : 상업시설 전기 (접지포함 전기선 4개)

　220V에 3상은 작동이 안되고 보통 3마력까지만 가능하다. 4, 5마력 이상은 대부분 전류가 강한 3상이 필요하다.

수압대패 ^{Jointer}

모델명	A341, 해머 410mm 자동/수압 복합기
전기사양	3상/380V/60HZ
모터파워	5.5마력(4.0KW)
수압 최대가공 폭	410mm
수압 정반 길이	1800mm
최대가공 두께	4mm
수압용 펜스 길이	150×1100mm
자동 최대가공 폭	406mm
자동 테이블 길이	600mm
자동 가공 두께	4~225mm
커터방식	퀵체인지 커터 방식(3날)
집진구 직경	120mm
중량	400KGS
가격	약 630만 원

　수압이란 말에 물 수水자로 오인해 물의 압력으로 나무를 깎는 줄 아는 사람도 많은 데 손 수手자이다. 따라서 손으로 눌러 밀면서 한쪽 면과 그에 맞닿는 부분의 직각면을 잡아준다. 손밀이 대패라 부르기도 한다.

세팅

　앞정반과 뒷정반의 수평을 맞추는 게 아니라 뒷정반이 날물 높이와 같아야 한다.

　앞정반이 날물보다 1mm 내려오도록 세팅되면

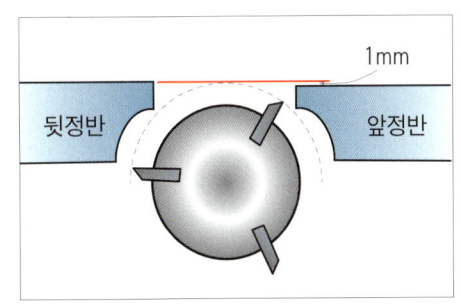

앞정반에서 뒷정반으로 나무가 깎이면서 부드럽게 넘어간다.

잘못된 예

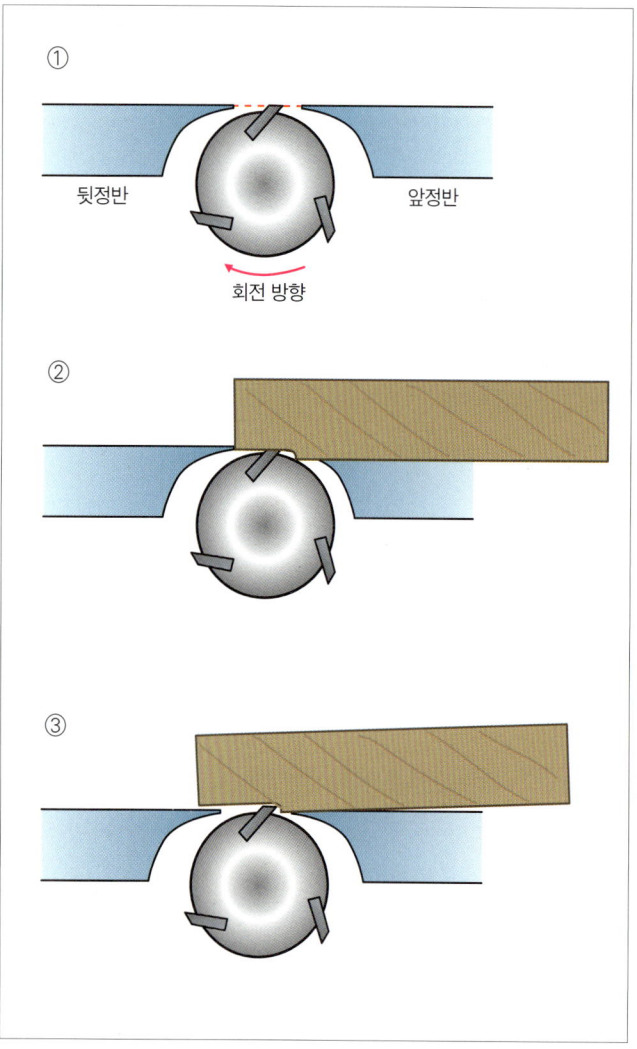

① 정반과 날물이 모두 수평이라 목재가 대패질이 안 된다.

② 뒷정반이 날물보다 높아 앞으로 나아가지 못한다.

③ 날물이 정반보다 올라가 있어 목재뿐 아니라 사람까지 위험한 상황이 발생한다.

사용할 목재의 4면을 잡기 위한 시작 단계로, 순서와 사용법을 알아보자.

각재는 **수압대패 → 자동대패 → 각도 절단기**의 순서로 진행하지만,

판재는 **수압대패 → 자동대패 → 테이블쏘** 순서로 진행한다.

1 장갑, 긴 머리, 옷자락 등 날에 낄 수 있는 것은 미리 점검해 조심한다.

2 정반 높이는 임의적으로 변경하지 않는다.

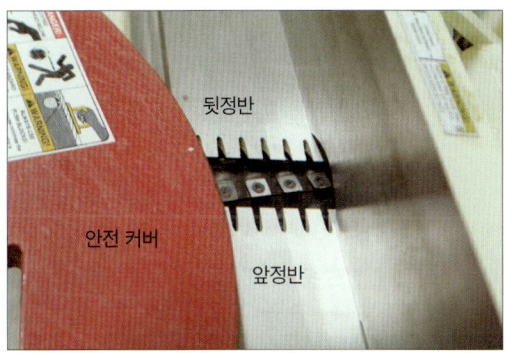

3 대팻날은 안전커버로 항상 덮어둔다. 안정성을 높인 것은 목재가 지나갈 때마다 목재의 폭만큼 안전커버가 움직인다.

4 목재가 휘었을 때는 바닥이 오목한 부분을 면고르기 한다. 볼록한 면을 먼저 잡고자 하면 움직여서 면 잡기가 어렵다.

5 수압이라 해서 손으로 하지 말고 밀대를 사용한다. 각재는 특히 조심해야 한다.

6 길이 300mm, 두께 20mm 이하는 사용하지 않는다.

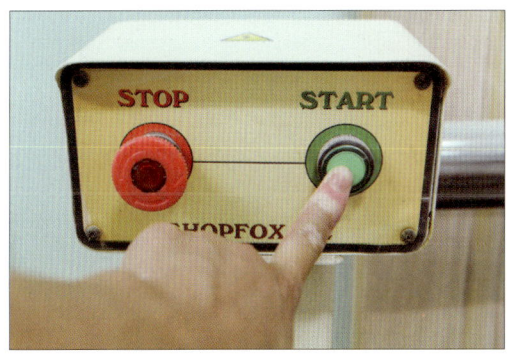

녹색은 시작 버튼, 빨간색은 멈춤 버튼이다.
기계를 돌리기 위해 녹색 버튼을 눌러도 작동하지 않을 것이다. 당황하지 말고 먼저 빨간색 버튼을 살짝 오른쪽으로 돌리면 '툭' 튀어 나오면서 불이 점등된다. 이제 녹색 버튼을 누르면 된다.

1 기계 정반에 이물질이 있는지 확인하고 정반과 조기대의 직각도 꼭 확인한다. 귀찮다고 확인하지 않으면 정확한 평면이 나오지 않을 수 있다.

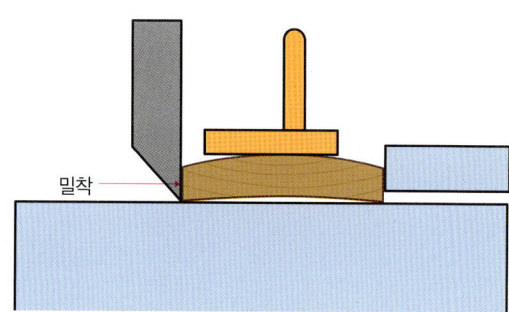

밀착

2 부재의 휨을 확인하고 오목한 면이 아래로 오도록 해야 대패 중에도 흔들리지 않는다.

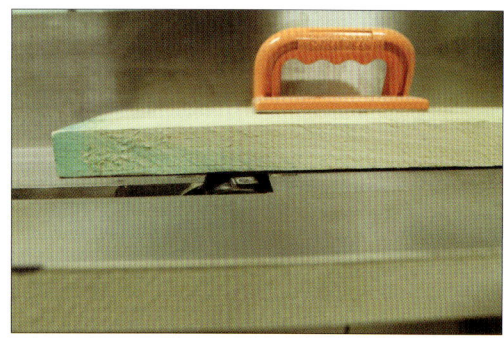

3 전원을 켜고, 나뭇결을 확인하여 순결 방향으로 조기대에 붙인 상태에서 왼손은 밀대로 부재의 앞부분을 누르고 오른손은 뒷부분을 밀며 전진한다.

4 상태에 따라 2~3번 밀어 보고 눈으로 전체 평면을 확인한 후 평평해질 때까지 밀어준다.
결이 선명해져 구별하기 쉽지만 어렵다면 연필이나 분필로 표시하여 확인해도 된다.

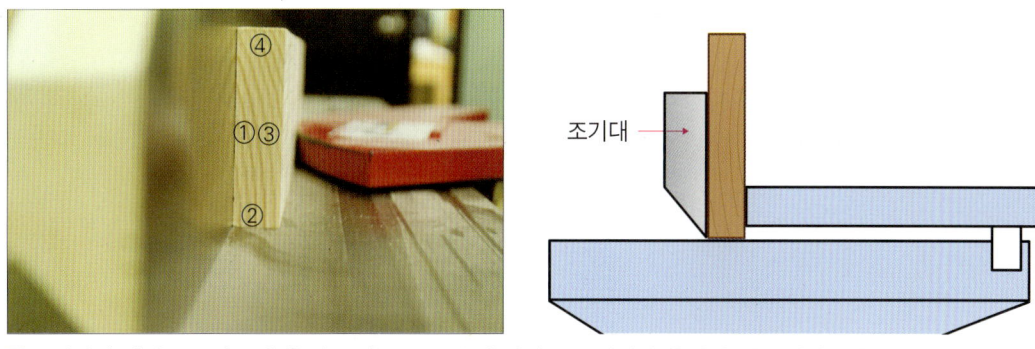

5 조기대에 평면으로 가공한 ①면을 기준으로, 순결 방향으로 직각인 ②면의 평을 잡아준다. 천천히 밀어주며, 안전을 위해 대팻날은 안전커버로 막아준다.

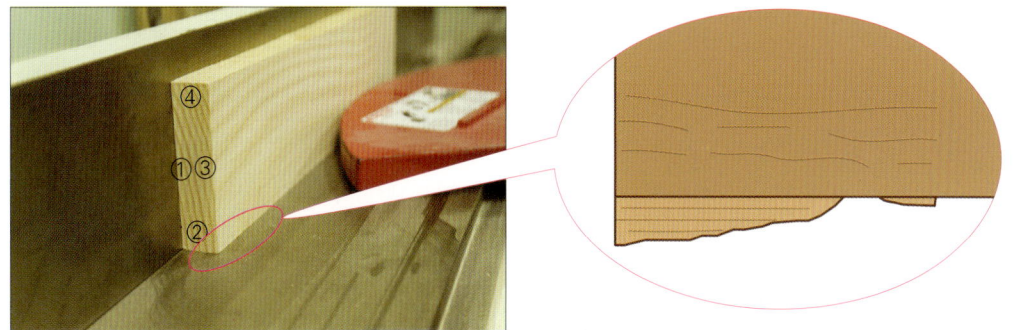

6 측면 중 ②면이 고르지 못할 경우에는 튀어나온 부분을 먼저 조금씩 깎아 전체를 맞춘다.

보통은 수압대패에서 차례로 ①, ②면을 잡고 자동대패에서 ③면을 잡아주는 순서지만, 이 책에서는 수압대패에서 ①면을 잡아주고 자동대패에서 ③면을 잡은 뒤 다시 수압대패에서 ②면을 잡아준다. 이유는 다음과 같다.

오목한 바닥부터 평을 잡아 조기대에 ①면을 붙이고 보니 ②면의 진행 방향이 엇결인 경우가 있어 아직 평을 잡지 않은 ③면을 기준으로 잡을 수 없어 미리 ①, ③면을 잡아주면 순결 방향에 맞춰 ②면의 평을 잡기 쉬워진다.

자동대패^{Planer}

모델명	G0453P
소요 동력	3HP 220V 1Phase 60HZ
컷더헤드 스피드	5000RPM
대팻날 수 3(HSS)	스트레이트 타입 대팻날
최대 가공 폭	380mm
최대 가공 두께	205mm
최소 가공 두께	6mm
정반 길이	380×508mm
기계 크기	1066×825×1143mm
송재 속도	16FPM/30FPM
중량	303kg
가격	약 380만 원

수압대패로 한 면을 잡았으면 반대 방향의 면은 자동대패로 잡는다.

다른 점은 수압대패는 날이 하단에 있다면 자동대패는 상단에 위치해 있다는 것이다.

1차로 수압대패에서 가공된 판재의 면을 기준으로 반대 면의 두께를 일정하게 깎아낸다.

작업순서

1 기계 안쪽에 대팻밥이 쌓여 있거나 다른 부재가 있는지 확인 후 청소한다.

2 부재의 두께가 같거나 비슷한 것끼리 분류하고, 못이나 돌 등의 이물질이 있는지 확인한다.

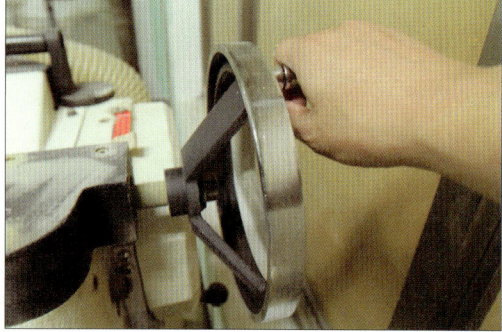

3 먼저 부재의 두께를 재고 잠금레버를 푼 뒤 핸들을 돌려 수치를 맞춘다.

4 가령 31mm면 30mm로 맞추고 선반이 움직이지 못하도록 잠금레버를 살짝만 잠근다.

5 집진기를 틀고 전원 버튼을 누른다.

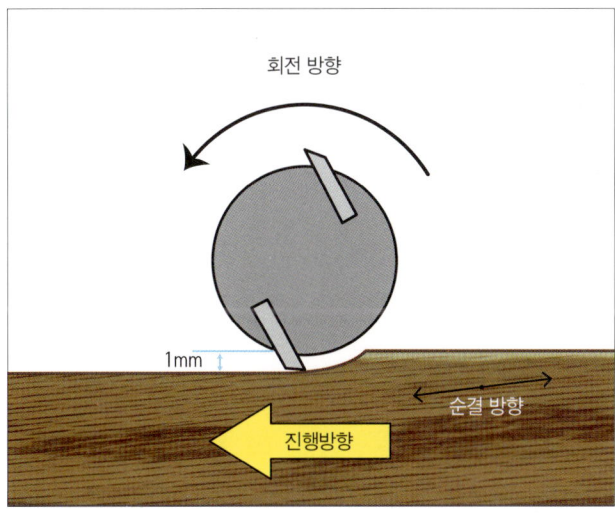

회전 방향

1mm

순결 방향

진행방향

6 부재를 넣는다.

- 1mm씩 줄여가며 깎아야 기계에 무리가 없다.
- 부재는 수평을 맞춰 넣어주면서 기계 속에 손이 들어가지 않도록 주의한다.
- 나무의 순결 방향으로 넣어준다.
- 두 개의 부재를 한 꺼번에 넣을 때는 두께가 비슷해야 한다.
- 되도록 길이 300mm, 두께 10mm 이하는 사용하지 않는다(공방마다 규칙이 다르다).
- 원하는 치수의 두께가 나올 때까지 여러 번 반복한다.
- 부재가 빠져 나오지 못하고 헛돌면 기계를 멈추고 긴 나무를 이용해 꺼낸다.

7 시동을 끄고 정리한다.

원형 톱날

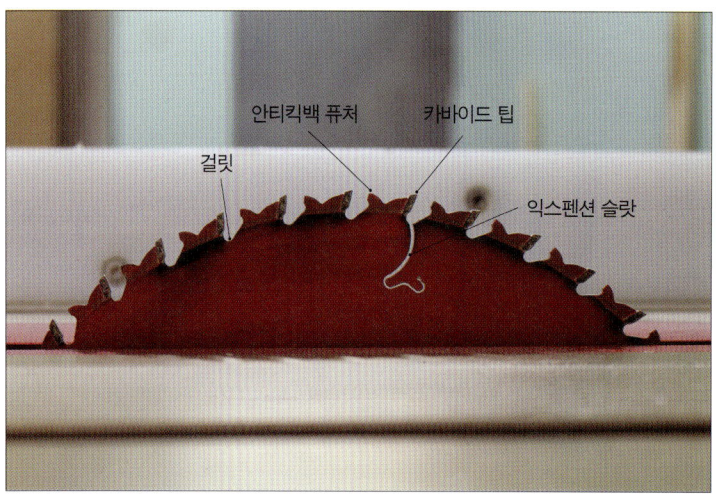

카바이드 팁 ^{carbide tip}: 나무를 자르는 톱날로 은, 텅스텐 등 복합 구조로 되어 있다.

안티킥백 퓨처 ^{anti-kickback feature} : 라이빙 나이프 역할처럼 카바이드 팁으로 인한 킥백의 위험을 덜어준다.

걸릿 ^{gullet}: 톱니와 톱니 사이에 톱밥이 쌓이는 걸 방지한다.

익스펜션 슬랏 ^{Expansion Slot} : 마찰열에 날이 휘는 걸 보완해주는 여유공간이다.

톱날도 톱과 같이 켜기용, 자르기용, 겸용(컴비네이션 날)으로 분류된다. 각 회사 고유의 형태가 있지만 보통 켜기용 톱날은 10~24날, 자르기용은 48~80날, 콤비네이션 톱날은 40~60날, MDF, 합판은 TC 톱날로 60~80날 정도이다.

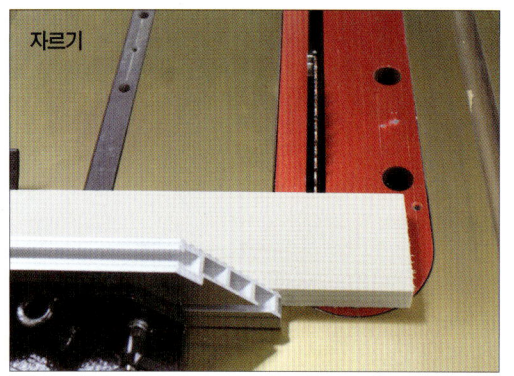

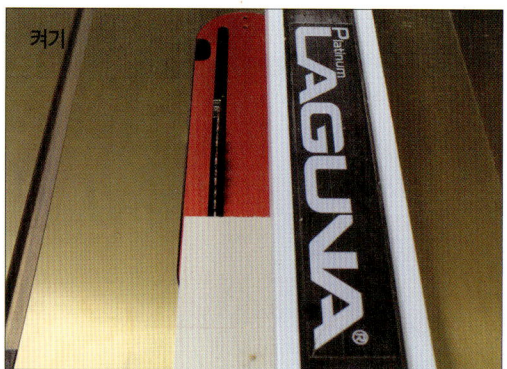

날 수가 많을수록 자르기에 사용하고 날 수가 적을수록 켜기용이다.

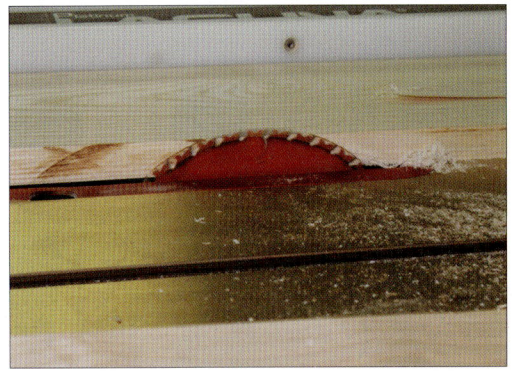

자르기 톱날로 켜기를 하면 앞으로 나가야 하는 데 날 수가 많아 톱날에 부하가 걸리면서 부재의 절단면이 타들어간다. 마구리면은 자르기 톱날로 해야 뜯기는 현상을 줄일 수 있고 절단면이 깨끗하다.

이처럼 톱날에 따라 분류되지만 매번 교체할 수 없어 겸용(컴비네이션 날)을 사용한다.

날 수에 따라 목재의 마감성이 달라지니 염두에 두고 작업하길 바란다.

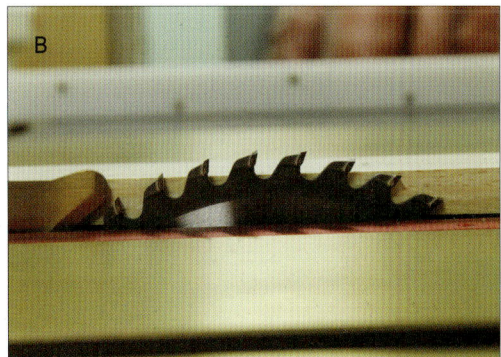

재단 톱날이 높으면 위험하고, 낮으면 제대로 자를 수 없으며 A는 톱날이 낮은 만큼 목재에 걸리는 톱날의 개수가 많기 때문에 훨씬 많은 힘을 받아 킥백 시 더욱 위험할 수 있다. 따라서 B와 같이 목재보다 약 6mm 정도 톱날이 올라오게 하면 된다.

킥백^{Kick Back} 현상

킥백 ^{Kick Back} 현상

톱날의 회전으로 인해 나무 조각이 나의 정면으로 날아오는 등 간담이 서늘할 정도로 위험한 상항이 발생할 수 있다. 아무 지식 없이 집에서 테이블쏘로 합판 켜기를 하다 순간 나무 조각이 날아오더니 창가의 석고보드를 구멍 낸 적이 있다. 정말 눈에도 보이지 않을 정도의 빠르기로, 소리를 듣고 나서야 인지했을 정도로 위험한 순간이었다.

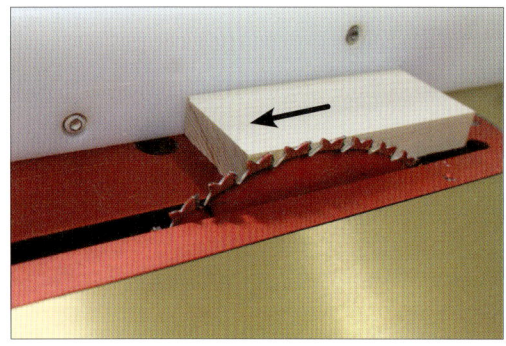 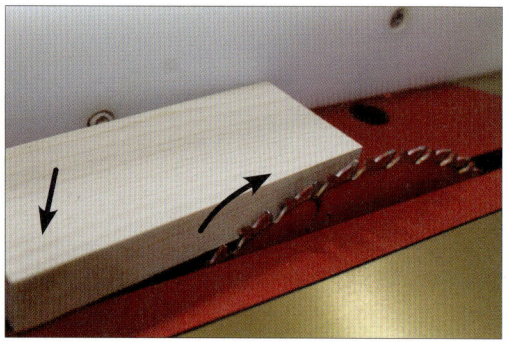

짧은 길이의 부재를 조기대에 밀착시키고 진행하다 톱 뒷날 지점에서 균형을 잃었을 경우 뒷날의 회전으로 목재가 튀어오른다. 이때 킥백뿐만 아니라 손가락 절단 사고가 일어날 수 있어 짧은 부재일 경우에는 항상 밀대를 사용해야 한다.

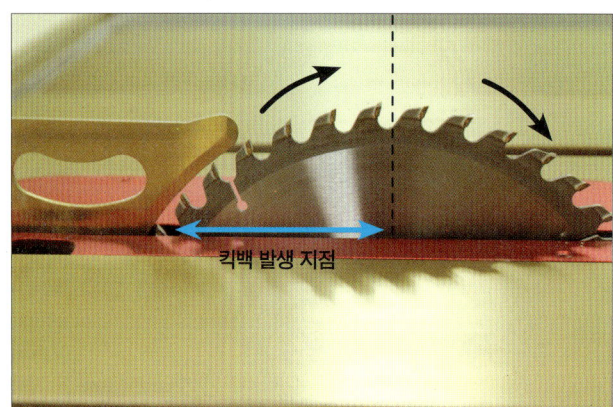

킥백 발생 지점

톱날은 위로 올리는 방향으로 회전하면서 힘이 전달된다. 이때 부재가 튕겨 나가는 현상이 발생할 수도 있다. 이를 방지하기 위해 라이빙 나이프는 나무가 균형을 잃어 뒷톱날에 붙지 못하도록 차단하는 역할을 한다.

사진처럼 라이빙 라이프가 설치되어 있으면 보다 안전하게 작업할 수 있다.

킥백^{Kick Back} 예방

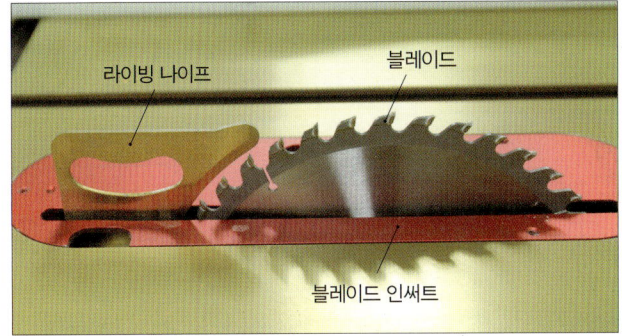

라이빙 나이프

블레이드

블레이드 인써트

라이빙 나이프^{Riving Knife} & 스플리터^{Splitter}

- 둘 다 킥백을 방지하는 안전장치다. 스플리터는 고정식이라 톱날이 상하로 이동해도 같은 위치에 있지만 라이빙 나이프는 톱날의 상하 높이에 맞춰져 함께 이동한다.

- 실제 테이블쏘에서 라이빙 나이프를 제거하고 사용하는 경우가 있는데 톱날의 두께(2.5mm)와 라이빙 나이프의 두께(3mm)가 서로 다르거나 여러 가지 작업을 혼용하여 사용하다 보니 번거로워서 설치하지 않기도 한다.

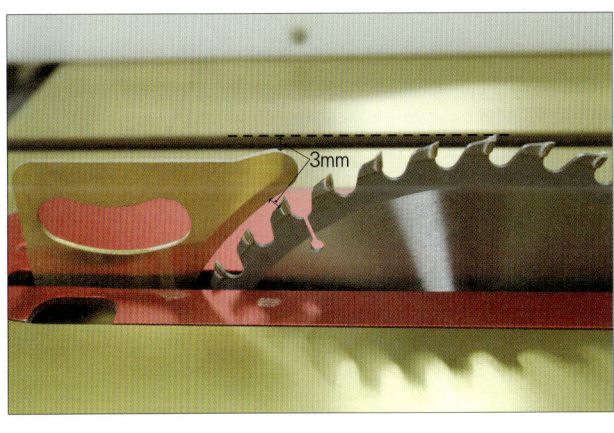

3mm

라이빙 나이프와 톱날과의 간격은 3mm 정도 공간이 있어야 하고 톱날의 높이보다 3mm 정도 낮게 설치되어야 한다. 서로 간에 멀리 떨어져 있으면 절단하면서 목제가 라이빙 나이프에 걸리게 된다.

페더보드^{Feather board}

- 깃털 모양처럼 생겨 패더보드라 불린다.

- 부재를 안정적으로 지지하며, 킥백 등으로 발생할 수 있는 안전사고를 예방해준다. 또한 떨림이나 이탈을 방지하여 정밀한 작업이 가능하다.

- 주로 테이블쏘, 수압대패, 라우터 테이블, 밴드쏘에 사용한다.

- 수직, 수평 페더보드가 있다.

밀대(푸쉬스틱)

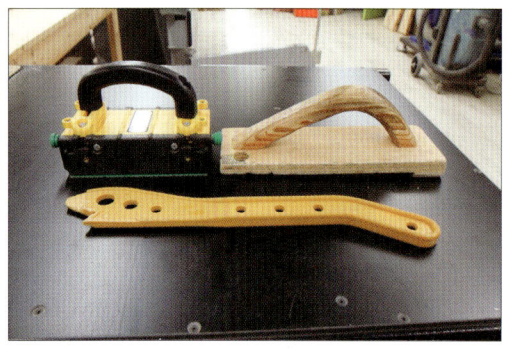 

부재를 가공할 때 안전을 위해 밀대를 사용한다.

- 테이블쏘, 수압대패, 밴드쏘 등 대표적인 세 가지를 이용할 때는 꼭 사용하도록 한다.

- 작업자의 손이 부재 위가 아닌 밀대 위에 놓여야 작업 중에 손이 미끄러지더라도 톱날에 밀대가 먼저 파손되어 손을 보호할 수 있는 기초 안정 장비이기도 하다.

- 손잡이는 그립감이 좋아야 미끄러지지 않고, 부재의 마구리면 턱에 걸어서 밀게 되어 있다.

- 밀대의 모양은 다양하며 주로 합판으로 만드는 데 스프러스 같은 경우 핑거 조인트 방식의 긴 밀대는 힘을 주면 '툭' 부러질 수 있으니 피해야 한다.

슬라이딩 테이블쏘 ^{Sliding Table Saw}

모델명	FELDER [펠더] K500S
전기사양	3상/380V/60HZ
모터파워	5.5마력 (4.0KW)
최대 절단 높이	104mm
톱날 각도	90~45°
톱날 최대직경	315mm
주축 회전수	4800RPM
슬라이딩 길이	2500mm
아웃트리거 테이블	1300mm
크로스컷펜스	2600mm
중량	600KGS
가격	약 1,150만 원

재단기 선택 시 주로 제재목을 사용할 건지, 집성목 원장을 사용할지의 쓰임에 따라 선택해야 한다. 1~3m가 넘는 집성목을 사용할 경우 슬라이딩쏘를 사용해야 편하지만 고가이며,

다른 기계에 비해 공간 또한 많이 필요로 해서 임대료가 높은 지역은 고려해봐야 한다. 슬라이딩 테이블쏘가 대형 트럭이라면 테이블쏘는 1톤 트럭을 떠올리면 이해하기 쉽다.

주로 자르기용으로 테이블쏘가 못하는 큰 부피의 목재를 안정적으로 작업할 수 있다.

테이블쏘^{Table Saw}

모델명	MTS0300-180
소요 동력	5.5HP 220V 1Phase 60HZ Lesson 모터/5HP 380V 3Phase 60HZ
주축 직경	5/8 inch(16mm)
주축 회전수	4300RPM
톱날 지름	255mm(10″)
테이블 크기	1016mm x 685mm
확장테이블 크기	838mm x 685mm
톱날에서 펜스까지 최대거리	1320mm
톱날 경사도	0~45″
집진후드	4″
무게	260kg
가격	약 400만 원

인테리어 전문업체를 지나갈 때 나무 테이블에 톱날만 나와서 재단하는 모습을 본 적이 있을 것이다. 자작 테이블쏘로, 작업 현장에 따라 언제든 옮겨서 작업할 수 있는 이동형과 벤치 탑형, 주물형, 슬라이딩형 등 여러 가지가 있다.

- 설치 시에 정반은 뒤틀림 없이 평면을 얻을 수 있어야 한다.
- 정반 위는 습기에 약해 손의 땀자국 등이 쉽게 지워지지 않으니 주의한다.
- 뒷부분은 슬라이딩 테이블쏘보다 짧아 보조정반이나 높이가 같은 작업대를 놓아 긴 집성목을 작업할 수 있다.
- 주로 켜기용으로 사용하지만 썰매나 마이터 게이지^{Miter Guage}를 사용하여 자르기용으로도 쓰인다.
- 많은 사람들이 사용하는 만큼 사고가 가장 빈번하게 일어난다.

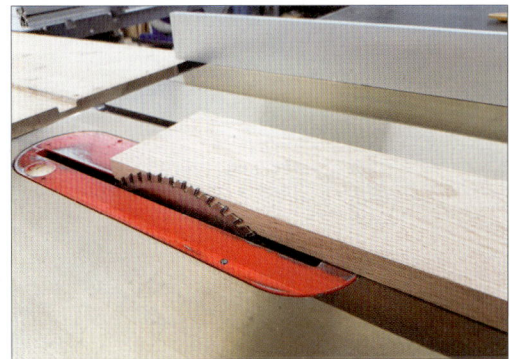

부재의 두께에 맞춰 톱날을 6mm 높이로 맞춰주고, 톱날의 직각 및 원하는 사이즈의 폭만큼 조기대의 위치를 고정한다. 조기대 밀착 면은 앞에서 수압대패로 평을 잡은 2면을 기준으로 잡아줘야 흔들리지 않고 깨끗하게 자를 수 있다.

조기대의 조정은 손잡이를 올려 장금을 풀어주고 앞부분을 잡고 이동시킨다. 조기대의 중간을 잡고 이동하면 지지대가 조금씩 휘어 나중엔 직각이 어긋나버린다.

조기대 기준으로 오른쪽의 돋보기를 보며 폭을 맞추고 미세한 조정은 손바닥으로 툭툭 치면 된다.

수치를 조정한 조기대는 다시 잠근다.

직각의 면을 조기대에 밀착한 후 직선으로 톱날과 최대한 떨어지는 마구리 부분을 눌러주며 천천히 전진한다.

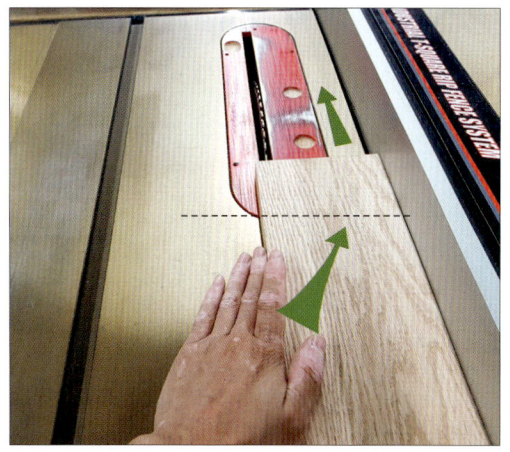

나무가 톱날 뒤를 통과할 때까지 오른손은 직선으로 밀어주고, 왼손은 사선 방향으로 살짝 힘을 주어 조기대에 붙게 해준다. 빨간색의 인써트 부분부터는 절대 왼손이 넘어가서는 안 된다.

슬라이딩 각도 절단기 Sliding Compound Mitre Saw

모델명	KS120 EB
소비전력	1,600W
회전수	1,400~3,400 rpm
톱날 직경	260mm
최대 절단 깊이	90° : 305×88mm
	45°(좌) : 315×55mm
	45°(우) : 215×35mm
크라운몰딩	90°　168mm
톱날 기울기	47°
좌우 각도	50~60°
사이즈	713×500×470mm
무게	21.5kg
가격	약 220만 원

- 주로 각재, 루바, 긴 부재나 판재 등을 절단하거나 몰딩의 연귀 각도가 필요할 때 쓰인다.
- 90°와 45°를 많이 사용한다.
- 각재나 판재의 4면의 평을 잡고 마구리를 절단할 때 사용할 수 있다.
- 주로 넓은 판재를 자를 수 있는 슬라이딩 12인치를 사용한다.
- 절단 시 분진이 많이 발생해 집진기나 청소기를 연결해 사용한다.

사용법

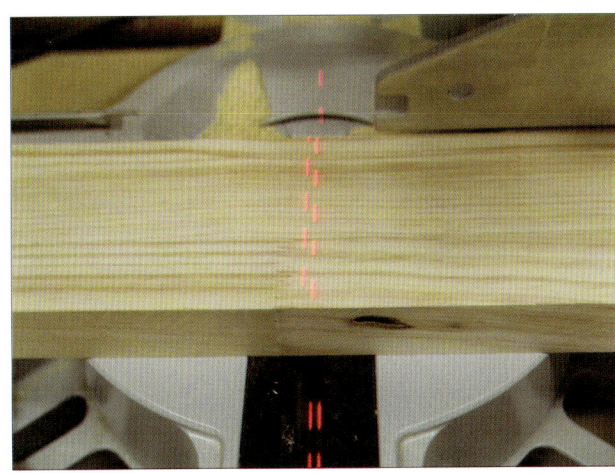

절단 중 나무가 튈 수 있으니 꼭 고정하고 이중레이저에 맞춰 절단 위치를 잡아 준다.

1 톱날을 잡아당긴 후 스위치를 눌러 작
  동시킨다.
2 내린 상태에서 밀면서 완전히 자른다.
3 스위치를 떼고 톱날이 멈출 때까지 기
  다린 후 톱날을 올린다.

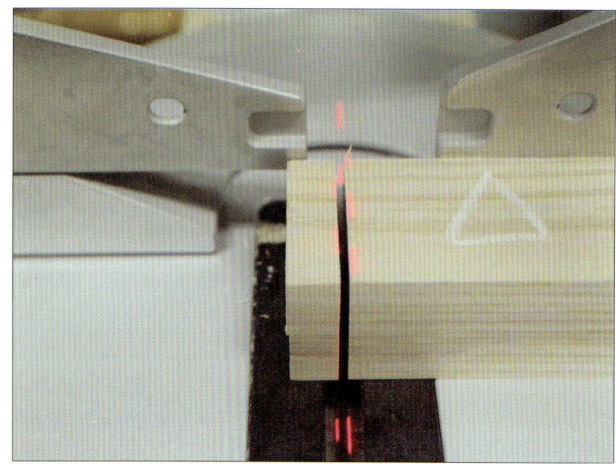

4 이중레이저의 공간만큼 잘려져 나간다.

밴드쏘 ^{Band Saw} (띠톱)

모델명	LT18 3000
소요 동력	Lesson 5.5HP
	220V/1Phase
	5HP 380V/3Phase
휠직경	431mm
최대 가공높이	387mm
테이블 크기	508×508mm
톱날 길이	145 ″ (3683mm)
테이블 높이	914mm
기계 높이	1905mm
테이블 경사도	−15~45 ″
집진구	4 ″ (100MM)×2EA
중량	237kg
가격	약 350만 원

- 주로 곡면을 제단하거나 홈 작업 또는 부피가 두꺼운 목재를 얇은 판재로 가공할 때 사용한다.

- 원 모양으로 양끝을 용접한 톱날을 상하 회전바퀴에 걸어 팽팽하게 하면 톱날이 수직을 이루면서 테이블 위에 부재를 놓고 직선으로 켜고 자르기를 할 수 있다.

- 톱날은 여러 종류지만 보통 직선용인 굵은 톱날과 곡선용인 가는 톱날로 나눈다.

- 정반의 수평과 날의 수직을 확인하고, 가공 시 시선은 톱날을 봐야 하며 무리하게 힘을 주지 말고 천천히 진행한다.

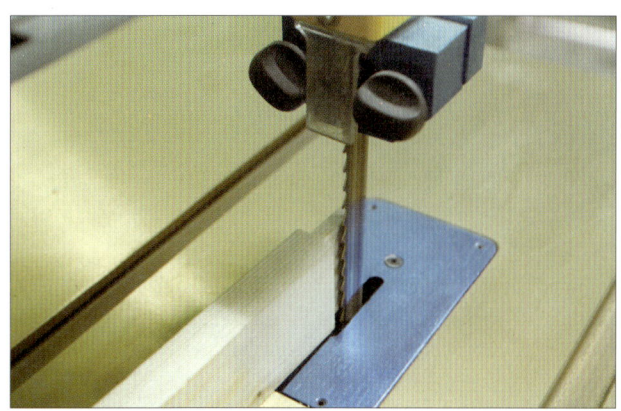

날 덮개 부분이 너무 많이 노출되어 있을 경우에는 위험하니 적당히 조절해야 한다.

잠금노브를 풀고 핸들을 돌려 위, 아래로 간격을 맞춘 뒤 다시 잠금노브를 살짝만 잠근다.

눈으로 관찰하는 데 지장이 없도록 간격을 맞추고 작업해야 안전한다.

직선 자르기로 장부의 촉을 만들 때 응용할 수 있다.

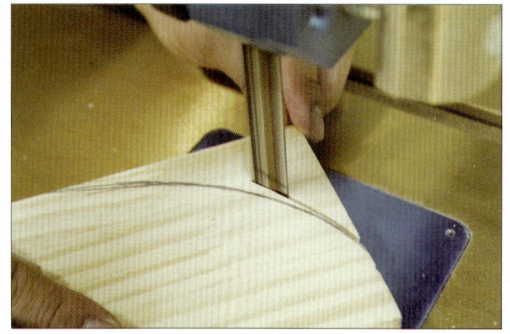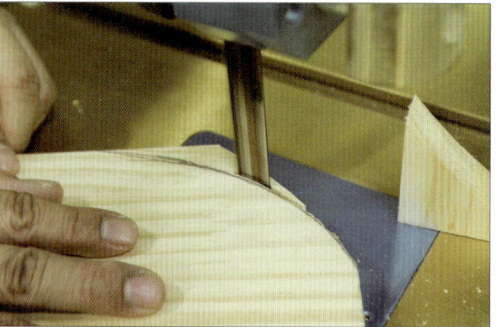

자르기용 날로 곡선은 두 번에 나누어 잘라준다.

두꺼운 판재는 원하는 사이즈로 나누어
주거나 알판을 만들 때 유용하다.

각끌기 Mortiser

모델명	TC104
전원	380V/삼상/60Hz
소요 동력	2HP(1.5KW)
주축 회전수	3400rpm
사용 가능 날 규격	6~25mm
정반 크기	539×425mm
드릴 척 규격	3.2~25.4mm
정반 틸딩 각도	0°~30°
중량	240Kg
가격	약 370만 원

- 각끌기는 끌과 드릴을 응용하여 만든 기계로, 속이 빈 사각형이다. 끌 가운데에 나사송곳 드릴이 있어, 판재나 각재의 정사각형의 홈을 파는 데 사용한다.

- 각끌기는 정반과 수직이 잘 맞아야 한다.

사용순서

1 목재를 고정한 후 장부 깊이에 맞게 날을 조정한다.

2 1차 가공할 칼금선을 살려 위치를 잡아주고 전원 스위치를 킨다. 가운데 보단 끝부터 구멍을 뚫어주는 이유는 나무가 밀리지 않게 하기 위해서이다.

- 단단한 나무일 경우 한번에 끝까지 내리면 잘 뚫리지 않으며 톱밥도 배출이 잘 안 되고, 끼여 타면서 연기가 날 수도 있다.

- 5~10mm 단위로 여러 번 나누어서 뚫는다.

3 먼저 한쪽 끝에서 구멍을 뚫고, 다른쪽 끝에서도 구멍을 뚫는다.

4 두 구멍 사이의 잘려나갈 부분을 제거한다. 이때 날이 얇아 부하를 줄이기 위해 가공한 구멍을 겹쳐서 제거한다.

5 끝선까지 가공이 끝나면 날물의 깊이까지 내려 다듬어준다.
관통장부는 한 면에서 작업하지 말고 절반씩 나누어 작업한다.

드릴프레스 Drill Presses

모델명	M1039
소요 동력	220V 단상 1.5HP
스윙	20인치(510mm)
스피드	210~3300RPM
척 크기	16mm
테이블 크기	476×424mm
척테퍼	IT-3
스핀들 트레블	20mm
제품 높이	1800mm
무게	148kg
가격	약 170만 원

• 전기 드릴이 기둥에 고정된 테이블 장치이다. 수직인 90°로 구멍을 뚫을 때 사용한다. 드릴프레스로도 장부 구멍을 팔 수 있다.

사용순서

뚫어야 하는 구멍 사이즈에 맞춰 비트를 고정한다.

구멍의 깊이를 재어 보고 나사선 방식의 깊이 조절장치로 조정한다.

전원을 키고 레버를 당겨주면 된다. 단단한 목재를 한번에 뚫을 경우 목재가 타버릴 수 있으니 절반씩 나누어 작업한다.

트리머^{Trimmer}

트리머^{Trimmer}

6단 속도 조절

전원 스위치

잠금 레버

베이스

샤프트 록

콜릿

비트

직선 가이드

모델	RT0700C	전장높이	200mm
소비전력	710W	베이스	82mm×90mm
베이스	82mm×90mm	중량	1.8kg
콜렛사이즈	6mm, 8mm	전원코드	2.5m
회전수	10,000~30,000rpm(6단계)	가격	약 16만 원

- 서랍의 밑판, 알판을 넣을 홈을 파거나 모서리를 다듬을 수 있다.

- 홈을 팔 때 쉽게 높이 조절이 가능하며 원하는 깊이까지 팔 수 있다. 파고자 하는 홈이 10mm라면 한번에 3mm 정도씩 3번 나누어 작업한다.

- 날이 얇아 부러질 수 있으니 천천히 이동한다.

- 트리머는 한 손으로 들고 작업할 수 있어 소가구 제작 시 활용도가 높다.

베이스 아래를 잡아야 비트의 회전으로 인한 진동을 상쇄시킬 수 있다.

홈파기

잠금 레버를 풀어 트리머 베이스를 분리한다.

샤프트 록을 누르고 렌치로 콜릿 너트를 풀어 사용할 날을 설치하고 다시 단단히 조인다.

샤프트 록이 없는 모델일 경우 기본 렌치 두 개를 사용할 수 있다. 이 경우 작은 렌치는 회전을 잡아주고 큰 렌치는 콜릿 너트를 풀어 사용한다.

베이스 부착 후 파고자 하는 깊이에 맞춰 날을 맞춰 준다(3mm 깊이).

직선 가이드를 끼우고 원하는 거리에 맞춰 조인다. 직선 가이드는 작업물 측면이 직선이 아니면 사용할 수 없다.

※ 새로 구입한 트리머의 직선 가이드에 합판으로 부목을 고정하면 작업 중 흔들림 없이 안정적인 자세 유지를 할 수 있다.

트리머가 진행하는 방향에 방해가 되지 않도록 클램프로 고정한다.
알판을 팔 경우 마구리에서 5mm 정도 간격을 두고 시작하기 위해 앞 지점의 위치를 잡는다.

전원을 켜고 천천히 뒤를 내려 구멍을 뚫는다.

베이스를 잡고 천천히 앞으로 이동한다.

끝나는 지점 5mm 정도까지 왔을 때 앞을 먼저 들어주고 뒤를 고정한 채 전원을 끈다. 만약 앞을 들지 않고 전원을 끄면 날의 회전으로 목재가 탄다.

시작점과 끝점을 남겨두고 트리머로 알판이 들어갈 수 있도록 홈을 파주었다.

비트 종류

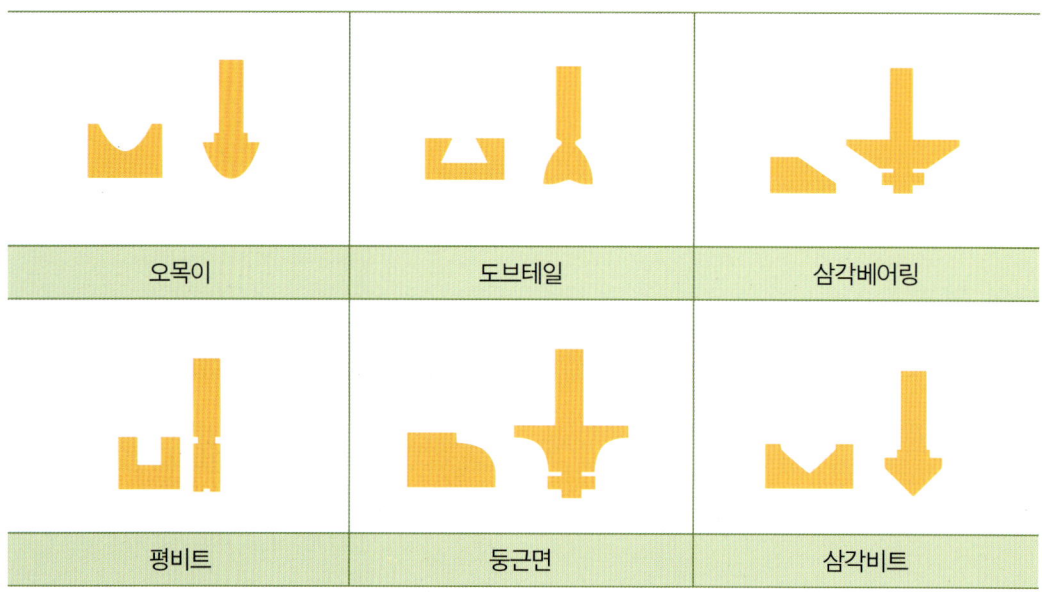

오목이	도브테일	삼각베어링
평비트	둥근면	삼각비트

라우터Router(루터)

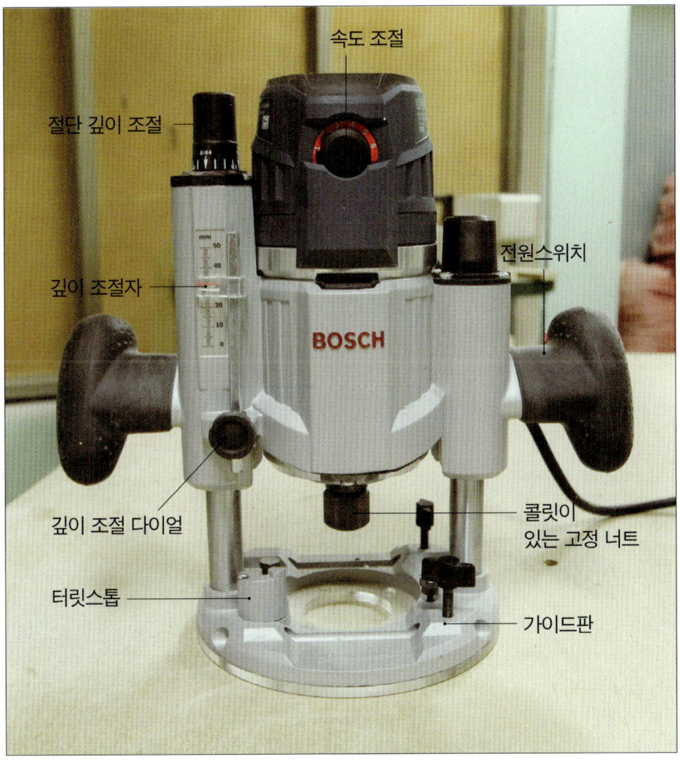

속도 조절
절단 깊이 조절
깊이 조절자
전원스위치
BOSCH
깊이 조절 다이얼
콜릿이
있는 고정 너트
터릿스톱
가이드판

모델명	GOF 1600 CE
소비전력	1600W
무부하속도	10000~25000rpm
콜렉 사이즈	6mm & 12mm
플런지 깊이	76mm
미세조정범위	16mm
중량	5.8kg
가격	약 45만 원

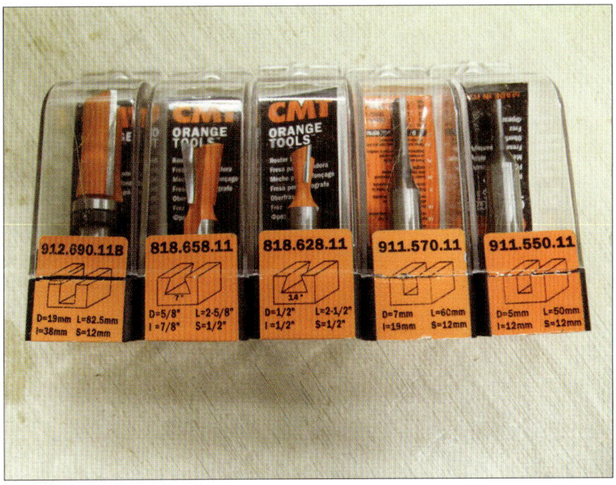

CMT
ORANGE TOOLS
818.658.11
818.628.11
911.570.11
911.550.11

- 처음에는 트리머와 라우터의 구별이 쉽지 않은데 기능은 둘 다 똑같지만 트리머는 한 손 사용이 가능하고 라우터는 힘이 쎈 만큼 두 손으로 잡고 작업해야 하는 차이점이 있다.
- 넓은 면적이나 긴 구멍을 팔 때 사용하면 편리하다
- 작업 중 움직이다 보면 전선이 걸리적거리니 한쪽으로 정리해준다. 얼굴을 근접하여 작업하므로 먼지 등 이물질로 인한 튐 현상을 줄일 수 있게 청소기를 연결하여 사용한다.

홈파기

베이스에서 빼낸 본체의 콜릿이 있는 고정 너트에 직선날을 끼우고 고정시켜준다.

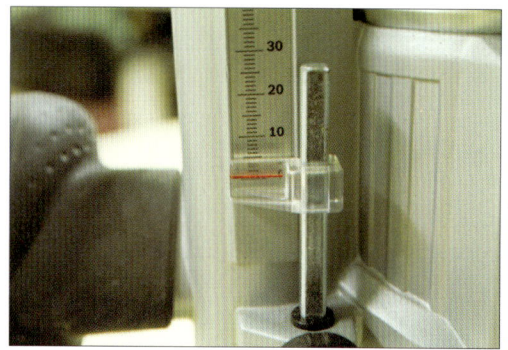

가공할 깊이에 맞춰 깊이 조절 다이얼로 조정해주면 터릿스톱에 닿아 일정한 깊이만큼 들어간다.

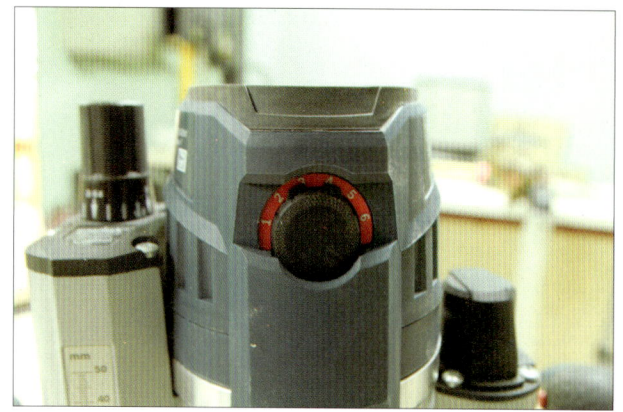

목재 종류나 비트날의 크기에 따라 속도 조절 다이얼을 맞춘다.

	비트 지름 (mm)	속도
	4~10	5~6
하드우드	12~20	3~4
	22~40	1~2
	4~10	5~6
소프트우드	12~20	3~6
	22~40	1~3

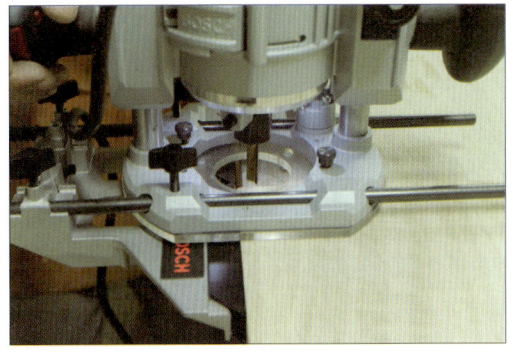 

가공선에 위치를 맞추고 스위치를 올려 양 손잡이를 눌러준다. 천천히 밀어주고 끝나면 손잡이를 올린 후 스위치를 내린다.

비스킷조이너 Biscuit & Plate Joiner

펜스   스토퍼   조절 나사   스위치

모델명	G9546(557)
브랜드	Porter cable
소요 동력	7AMP 110v
RPM	10,000(고정)
펜스 틸트	0~130°
집진후두	1″(25.4mm)
가격	약 50만 원

둥근 톱날이 가로로 장착되어 있어 나무에 반달 모양의 홈을 파고 그 홈에 비스킷 칩을 넣어 접착제와 함께 체결하여 목재를 연결할 수 있는 공구이다.

비슷한 공구인 도미노조이너는 단단한 결구 작업이 필요할 때 비스킷조이너와 구별하여 사용한다.

비스킷이 할 수 있는 용도는 도미노로 가능하지만, 도미노가 하는 역할은 비스킷으로 할 수 없는 일도 많다. 비스킷은 가격대비 효율성이 좋아 많은 공방에서 사용하고 있다.

- 비스킷 모양이라 비스킷조이너라고 이름이 붙여진 공구이다.

- 마끼다, 포터 케이블, 디월트, 라멜로 중 국내에선 마끼다 제품이 대중적이다.

- 부재나 판재를 연결하여 집성할 때 사용한다.

- 가공 깊이와 비스킷의 규격에 맞는 사이즈로 조절된다.

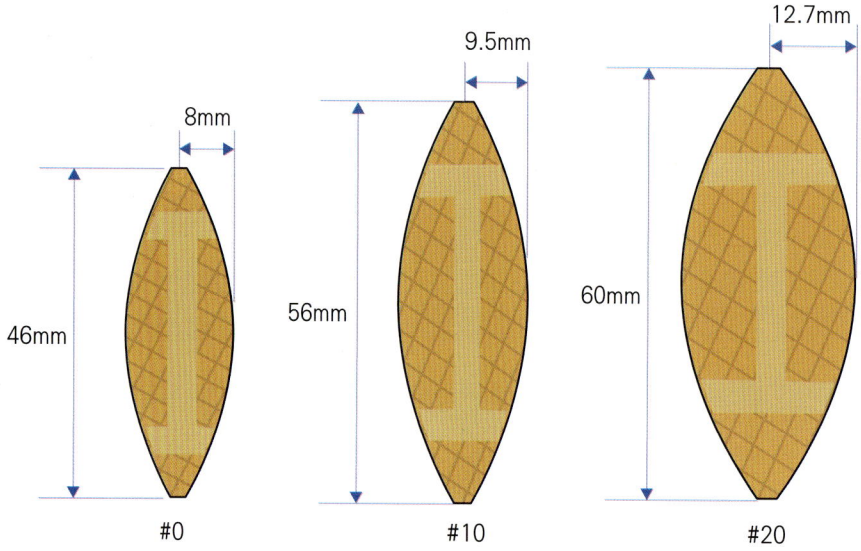

8mm

46mm

#0

9.5mm

56mm

#10

12.7mm

60mm

#20

- 비스킷은 #0 #10 #20의 3가지 사이즈^{size}를 주로 사용한다.

- 조립을 위해 홈에 끼운 비스킷은 접착제로 인해 부풀어 올라 공간이 채워진다.

비스킷조이너 사용

연필로 작업물에 비스킷이 들어
갈 홈의 중심선을 표시한다.

사용되는 비스킷의 크기에 따라 절단 깊이를 선택한다. 비스킷이 #20 사이즈면 스토퍼를 #20에 맞추면 된다.

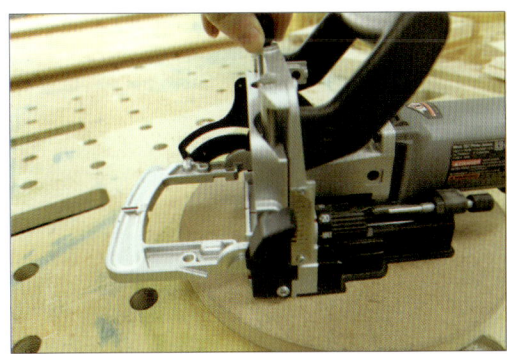

노브를 돌려 날이 작업물의 두께 중앙 지점에 오도록 수치를 조절한다.

연필선에 맞춰 펜스가 들리지 않게 밀착시킨다.

스위치를 누르고 앞으로 천천히 밀어준다. 스토퍼에 닿으면 스위치를 떼고 원래 위치로 되돌린다.

처음부터 날이 작업물이랑 밀착해 있으면 튕겨져버리니 손잡이에 있는 스위치를 누르고, 회전에 가속이 붙으면 손잡이를 천천히 끝까지 밀어준 뒤 스위치에서 손을 떼면 된다.

조인트 활용 방법

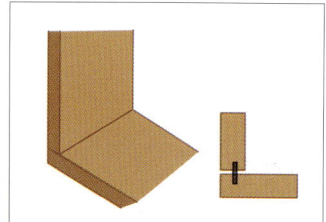

코너 조인트

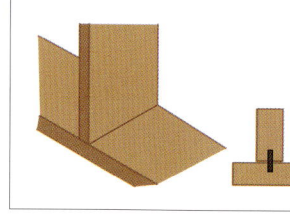

T조인트

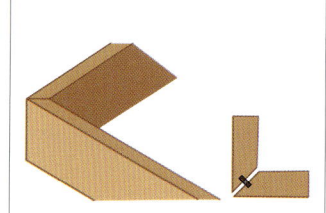

연귀 조인트

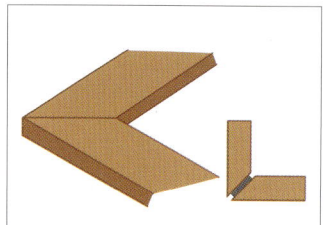

프레임 조인트

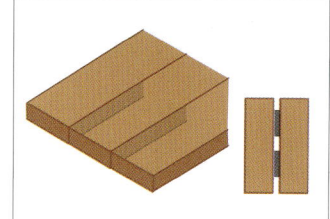

모서리 조인트

도미노조이너^{Domino Joiner}

보조 손잡이 / 높이 조정 레버 / 홈 폭 조절 / 전원 스위치 / 홈 깊이 조절 / 가공 높이 조절기 / 각도 조절 레버

모델	DF 500	눈금을 이용한 깊이 조절	5~30 mm
소비전력	420W	루터 각	0~90°
속도	24300rpm	무게	3.2 kg
작업 깊이 조절	12, 15, 20, 25, 28 mm	가격 풀셋	약 250만 원
도미노 슬롯 크기	4, 5, 6, 8, 10 mm		

보통 나사못이 안 보이도록 가구를 제작할 경우에는 도미노를 사용한다. 도미노 결합을 이용하면 숨은장부 결합을 아주 쉽고 간편하게 할 수 있다. 짜맞춤의 가공 대신 정교하게 기계로 양쪽에 홈 가공을 하고, 전용핀을 접착제와 함께 결합하면 된다.

비스킷과 도미노는 사용방법도 같으며 톱날의 차이만 있을 뿐이다.

참고

- 독일 페스툴 독점이며 본체, 날, 공구함 등 풀셋은 고가의 장비이다.
- 작업이 간편하고 정밀한 체결이 가능하며 각도/깊이/천공/폭/조절이 용이하다.
- 목공 작업에서 장부맞춤과 같이 목재를 연결할 때 사용한다.
- 자주 쓰이는 각도는 90°, 45°, 30°며 판재의 집성 등 다양한 방면에 사용할 수 있다.

비스킷조이너는 그라인더 날처럼 가로로 구멍을 내주고 도미노는 일자 날이 들어 있어 회전하면서 좌우로 홈을 내준다.

의자, 식탁 등 프레임에 힘을 많이 받는 가구는 도미노를 사용하며, 협탁, 서랍 등 가벼운 종류는 비스킷을 사용한다.

도미노핀은 4×20, 5×30, 6×40, 8×40, 8×50, 10×50mm로 공방에선 주로 2~3가지 사이즈 정도만 사용한다. 5×30은 두께 5mm, 길이 30mm 규격이지만 정확히 30mm가 아닌 28mm 정도의 길이이다. 양쪽 홈에 도미노핀이 들어가면 접착제의 여유 공간도 필요해서 실제 길이보다 2mm 정도 짧다.

도미노조이너 사용

핀이 들어갈 연필선을 표시한다.

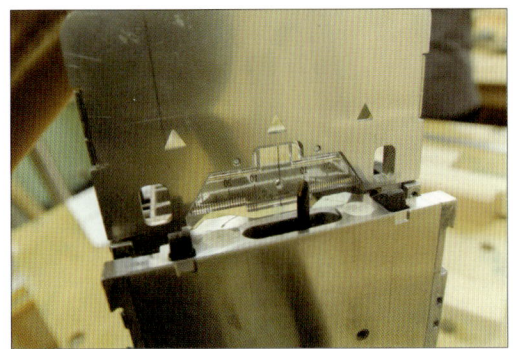

도미노에 맞게 날을 선택한다. 날은 5×30의 도미노 핀을 사용하므로 Ø4, Ø5, Ø6, Ø8, Ø10 중에 Ø5 날을 사용하면 된다. 공방에서 핀을 2~3가지만 사용하는 이유도 매번 날을 교체하는 번거로움을 피하기 위해서다.

펜스의 각도 조절레버를 풀고 90°로 세팅한 후 다시 레버를 잠근다.

높이 조정 레버를 위로 올려 풀어준다.

높이 조절 방법은 두 가지가 있다. 첫 번째 방법은 예를 들어 나무의 두께가 25mm라면 중간 정도인 12mm로 맞춰주고 높이 조절 레버를 움직이지 않을 정도로 살짝 잠근다.

두 번째 방법은 자주 사용하는 나무 두께에 맞추면 된다. 16, 20, 22, 25, 28, 36, 40 사이즈가 있어 나무 두께 선택 시 자동으로 나무 중간에 맞춰준다.

두께에 맞췄다면 높이 조정 레버를 아래로 내려 잠가준다.

도미노핀이 들어갈 폭의 크기를 정해주는 3가지 사이즈로, 왼쪽 첫 번째만 사용해도 된다.

도미노핀의 깊이 조절은 핀이 5×30이므로 30의 절반인 15 깊이에 맞춘다.

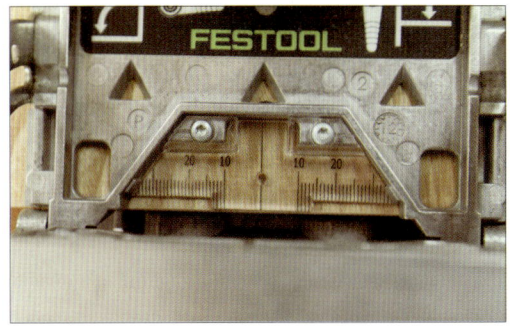

중심선에 맞춰 펜스가 들리지 않게 밀착시키고 스위치를 누른 뒤 천천히 밀어준다.

처음부터 손잡이를 밀고 나무와 날을 밀착시킨 후 스위치를 누르면 튕겨져버리니 스위치를 누르고 속도가 붙은
뒤에 손잡이를 천천히 밀어주면서 시작해야 한다.

날교체

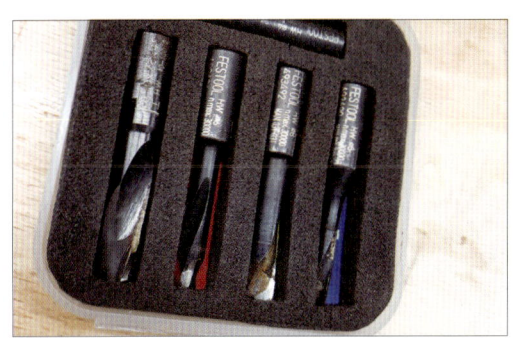

5×30의 도미노핀을 사용한다면 Ø5 날을 선택한다.

렌치로 몸체에 있는 부분을 지렛대처럼 들어 올려주
면 분리가 된다.

왼손으로 스핀들 잠금 장치 버튼을 누르고 렌치로 시
계 반대방향은 풀어 날을 교체한 후 시계 방향으로
돌려 잠가준다.

분리된 몸체를 맞춰 밀어주면 딸깍 소리
와 함께 합체된다.

플런지쏘 ^{Plunge Saw}

모델명	TS75 EBQ
절단 깊이 90도	0~75mm
절단 깊이 45도	0~55mm
각도 조정 범위	0~47°
톱날 직경	210mm
중량	6.2kg
가격	약 140만 원

- 집성한 상판의 절단면을 자를 때 쓰거나 긴 부재를 자를 때 사용한다.
- 적재된 판재을 이동하지 않고 재단이 가능하다.
- 가이드 레일을 이용한 절단 작업을 할 수 있다.

집진기 Dust Collector

모델	흥화 AESCO 집진기 UB-105ACK
소요 동력	220V 1.5마력
드럼 크기	500mm
흡입구	2EA
용량	168L
가격	약 95만 원

- 기존 자루 집진기는 미세한 먼지가 세어 나오는 반면 카니스트 집진기는 미세먼지를 90% 이상 차단해주는 1micro 집진기이다.

- 작업장에서 나오는 톱밥을 한 곳에 저장하여 건강 및 청결도를 높이며 먼지로 인한 기계의 잔고장 및 화재를 예방할 수 있다.

- 한 대의 집진기로 공방을 돌릴 수 있으며 공방 규모와 비용에 맞춰 이동식과 고정식 중 선택해야 한다.

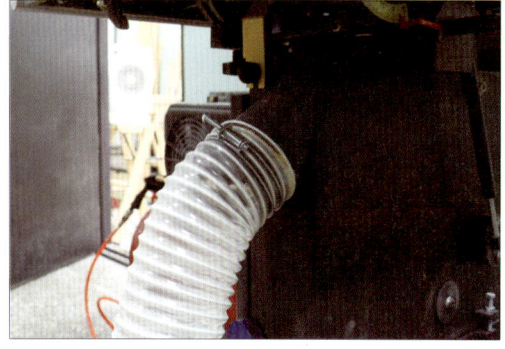

- 저비용으로 할 경우에는 자주 사용하는 테이블쏘, 수압대패, 자동대패만 집진기에 연결하여 돌리면 된다.

- 집진 후 시간이 지나면 필터에 미세먼지가 달라붙는다. 검은색 손잡이를 돌려 필터의 먼지를 제거한다.

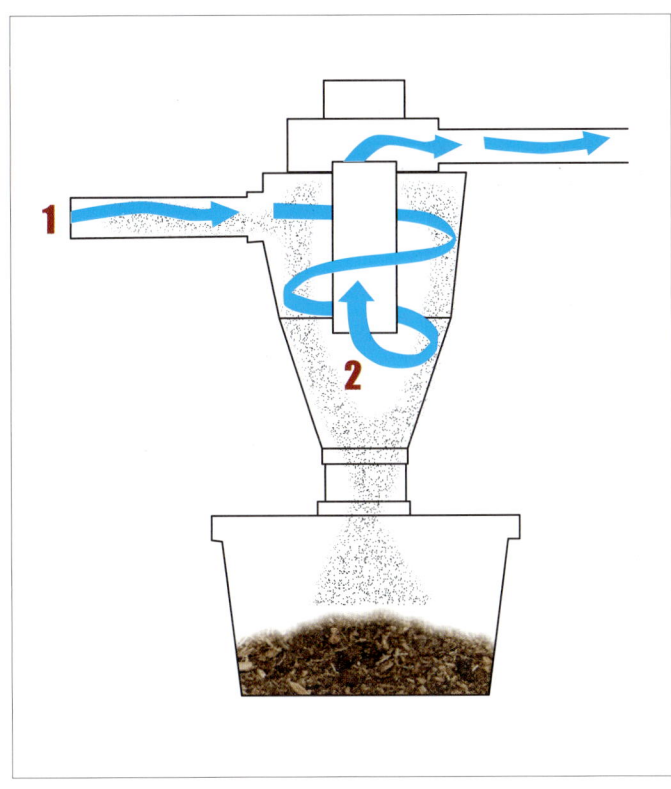

- 흔히 자작해서 사용하는 사이클론 집진기의 원리이다.

- 1번에서 흡입하면 콘 내부에서 소용돌이치다 나무조각이나 대팻밥처럼 무거운 것은 아래로 쌓이고 공기만 2번 호스를 통해서 빠져 나가는 방식이다.
위와 같이 꼭 깔대기로 해야 하는 구조는 아니니 응용해 다양한 방식으로 도전해보길 바란다.

이동식 집진기 ^{Dust Extration}

페스툴 이동식 집진기

모델명	CTL 26E
소비전력	350~1200W
분당 최대사용 에어	3900L/min
최대 진공력	2400 Pa
필터공간 면적	3060cm^2
메인케이블 길이	7,5 m
집진기 용량	26L
집진기 크기	630×365×540mm
무게	13kg
가격	약 120만 원

- 작업장 바닥이나 작업 기계를 청소하는 데 사용할 수 있는 일반적인 범위의 호스와 노즐이 사용된다.
- 이동식 집진기는 콘센트가 내장되어 있어 전동공구의 전원을 켰을 때 자동으로 작동한다.

전동공구 사용 시 AUTO 기능 소켓에 맞춰 몸체에 있는 콘센트에 꼽고 호스를 연결하면 자동으로 집진이 가능하다.

집진기는 슬라이딩 각도 절단기, 라우터, 샌더, 비스킷 조이너, 도미노 조이너 등에 연결하여 사용한다.

샌더 Sander

목재의 전체적인 면을 잡아주고 도장 작업할 때 표면을 곱게 다듬는다.

단순해 보여 쉬울 거라 생각하지만 인내를 필요로 하며 힘들기 때문에 빨리 지칠 수 있다.

사포 홀더

- 사포를 잘라 사용하거나 사이즈에 맞는 사포를 끼워 사용한다.
- DIY나 가정에서 간단한 작업 시 사용한다.

사각 샌더

- 진행 방향은 목재의 결을 따라 이동하기 때문에 표면을 잘 살릴 수 있다.

- 작업 속도가 느리며, 진동으로 인한 손의 피로도가 증가한다.

- 일반 사포를 사용해도 된다.

전원 스위치
집진 주머니
속도 조절 다이얼
샌딩시트
(벨크로 타입)

원형 샌더

모델	DWE6423
소비전력	220W
샌딩플레이트 직경	125mm(5")
샌딩시트 부착 방식	밸크로 타입
회전수	8,000~12,000 rpm
무게	1.3kg
진동값	2.5m/s^2
가격	약 8만 원

작업 속도가 빨라 공방에서 많이 사용한다.

원형 샌더기 사용

바닥이 벨크로 되어 있어 탈부착이 쉬우며, 흡입력을 위해 구멍에 맞춰 붙여준다.

샌딩할 때 왼손은 무게를 실어 눌러주는 게 아니라 떨림을 잡아주는 역할로 가볍게 잡아주기만 한다.

콤프레샤 Air Compressor

- 각종 먼지를 불어준다. 타카에 연결해 사용할 수 있다.

- 콤프레샤는 〈오일 타입〉과 오일이 들어가지 않는 〈오일리스 타입〉, 〈저소음 콤프레샤〉 등이 있다. 저소음은 냉장고 돌아갈 때 나는 정도의 소음이며 짧게 사용할 수 있어 베란다 취미 목공에 어울린다.

- 오일 타입은 사용할 때마다 오일 체크를 해야 하며 1년에 한 번은 전체 교환을 해줘야 오래 사용할 수 있다.

- 목공처럼 콤프레샤를 장시간 돌리는 곳은 오일 타입이 적합하고, 단시간 사용자는 오일리스 타입이 좋다.

- 모터가 돌아갈 때는 가급적 에어 사용을 자제한다. 압축량이 충분하지 않아 압축 도중 사용하면 모터에 무리가 간다.

- 자주 사용할 경우 응축수는 1일 1회 배출될 수 있도록 한다.

- 2.5/3 마력은 타카, 도장, 오염물질 제거, 청소작업에 사용한다.

- 5마력 이상은 페인트 작업, 인테리어 작업 등 긴 연속 작업에 사용된다.

클램프 Clamp

F클램프

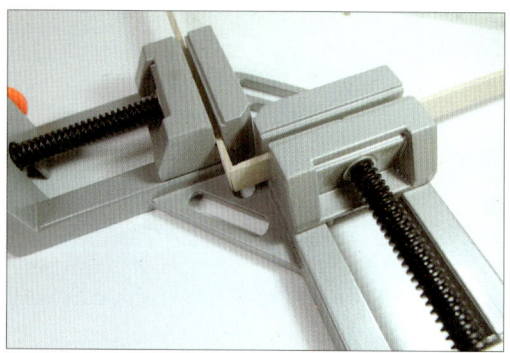

코너 클램프

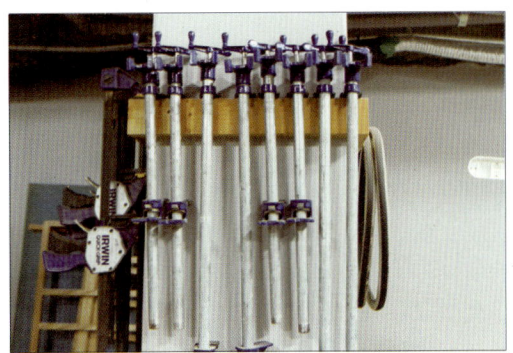

파이프 클램프

베세이 L클램프

- 조립 시 접착 작업이나 부재를 잡아줄 클램프가 필요하다.
- 모양에 따라 G클램프, F클램프, 퀵그립, 핸디 클램프, 코너 클램프 등 다양한 종류가 있으며 종류와 크기별로 많으면 많을수록 좋다. 하나하나 장만하게 된다면 처음 구입할 때는 낱개가 아닌 한쌍으로 구입하되 큰 클램프를 먼저 사길 권한다.
- 베세이 L클램프는 넓은 압착면, 미끄럼 방지, 2개의 가이드, 정밀 평형압착, 방향 변경 압착 기능이 있어 많이 사용하지만 가격이 비싸다.

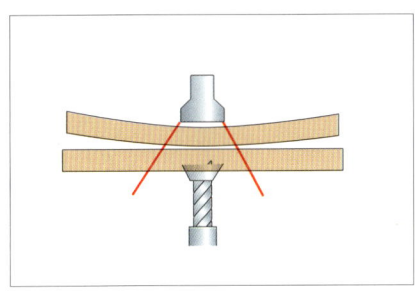

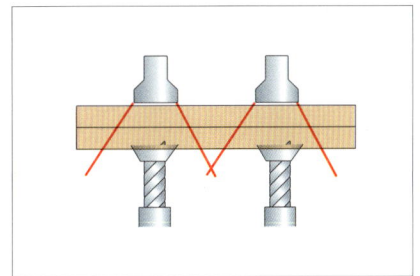

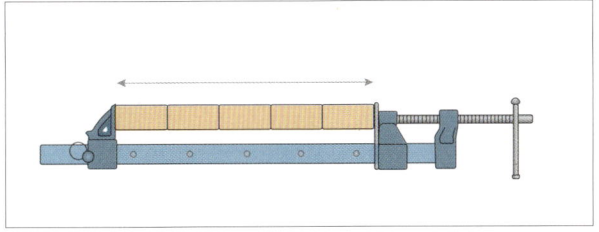

- **압력 배분** 나무가 얇거나 충분한 클램프가 없을 땐 압력이 균일하게 분포되지 않아 나무가 뜨는 경우가 있다.
- **압력 범위** 크램프 압력을 균일하게 전달하기 위해선 나무가 평평해야 한다.

- 클램프는 짝을 맞춰 쓰는 것이 좋다. 양쪽에서 조이는 힘이 같아야 가구를 조이거나 목재 면을 이어 붙일 때 틀어지지 않는다.

- 조일 때 세게 조이면 목재에 자국이 남으니 자투리 나무를 대어 자국이 남지 않도록 한다.

- 사각 구조의 틀인 경우 노끈으로 묶어 고정하기도 한다.

파이프 클램프

파이프 클램프는 조임쇠가 있어 강한 압착력과 가격 대비 가성비가 뛰어나 많은 사람들이 애용한다. 보통은 인터넷으로 구입하고 파이프만 동네 철물점에서 원하는 크기로 잘라 제작하거나 〈클램프용 파이프 세트〉를 구매해 연결해 사용하면 된다.

베세이와 한신 중 국내에선 한신 파이프클램프를 많이 사용하며 파이프 외경이 $\frac{1}{2}$인치와 $\frac{3}{4}$인치 중 $\frac{3}{4}$인치를 추천한다.

| 자국이 남는 백관 파이프 | 흠집이 덜한 흑관 파이프 |

• 백관 파이프는 걸쇠로 파이프에 흠집이 생기면 이동 시 장애 요소가 된다. 또한 녹을 방지하기 위해 방청을 한 흑관 파이프는 사용할 때 일정한 간격으로 나무와 파이프 사이가 띄워져 있어야 나무에 까만 물이 들지 않는다.

• 파이프 양쪽에 나사선이 있어 두 개의 파이프를 〈스텐 나사 소켓〉으로 연결하여 길이 조절을 할 수 있다.

접착제

이 책에서는 목공에서 자주 사용하는 4가지를 소개한다. 개봉 후 1년 이내에 사용하길 권하며 세 가지 제품은기본 20분 내에 굳지만 12시간 이상 지나야 안전하다.

파텍스

- 처음엔 흰색이지만 마르면 투명해지고 강도도 강해진다.
- 용기를 뉘워서 보관할 수 있어 끝까지 사용 가능하다.
- 포르말린 등의 용제가 함유되지 않은 인체에 무해한 친환경 제품이다.
- 사용 후에는 노즐의 끝을 닦고 뚜껑을 꼭 닫아 보관해야 오랜 시간 사용 가능하다.

타이트본드

- 타이트본드는 세 종류로 모두 안전한 무독성이다.
- 타이트본드 1: 오리지날 실내 가구용. 클램프타임 10~15분. 평소 이 제품을 주로 사용한다.
- 타이트본드 2: 방수가 되는 외부용. 클램프타임 10~15분
- 타이트본드 3: 실내외 모두 적용. 클램프타임 20~25분. 방수성이 있어 주방의 도마 등 식기류에 간접적으로 사용이 가능하다.

고릴라 우드 글루

무독성 목공용 본드로 실내 및 실외 사용 가능
작업시간: 10분, 고정시간: 20~30분 완전경화: 24시간
건조 후 색상 : 아이보리 계열 나무색상

오공 205 본드

- 국내 제품으로 목재, 미장합판, 마루판, 종이, 벽지, 각종 직물 등의 접착에 사용하며 친환경 접착제 이다.

- 위 두 제품보다 굳는 시간이 조금 길어 조립 시간 이 필요할 경우 사용하기 편하며 무엇보다 가격이 저렴해 많이 사용한다.

- 팩으로 들어 있어 사진처럼 입구가 큰 소스병에 담 아 사용하면 편리하다.

접착제 바르기

1 바르는 면의 중앙에 맞춰 접착제를 바른다. 결합 부위의 접촉면에 고르게 바를 수 있는 양이면 적당 하다. 클램프로 압착 시 접합 부위에서 살짝 삐져 나올 정도의 양이면 된다.

2 붓이나 칫솔, 나뭇조각 또는 실리콘 글루 브러쉬를 사용하여 바른다.

3 사용 후 붓과 칫솔, 실리콘 글루 브러쉬는 바로 물로 씻어 세척해 말린다.
실리콘 브러쉬는 경화 후에도 접착제를 손쉽게 떼어낼 수 있다.

접착제 제거하기

접착제 자국을 제거하지 않고 오일을 바른 모습

접착제 자국을 제거하는 일은 정말 중요하다. 제대로 안 하면 굳어 코팅되면서 오일이 잘 먹지 않아 잔 얼룩이 생긴다. 따라서 경화 전 미리 제거해주거나 경화 후 제거해줘야 한다.

경화 전

물티슈

칫솔

클램핑을 하면 접착제가 삐져나오게 되는 데 헤라로 긁어내고 물티슈로 닦아준다.
손이 닿지 않는 안쪽 모서리는 칫솔을 이용해 제거한다.

경화 후

시간이 지나서 접착제가 잘 안 닦일 경우 미지근한 물에 칫솔을 담갔다가 녹여내면 잘 닦인다.

굳으면 스크래퍼나 대패, 끌, 구두칼로 제거해도 된다.

망치

　목공에서 끌질 및 조립 시 주로 사용하지만 상황에 따라 사용해야 가구의 완성도를 한층 높여 줄 수 있는 공구이다.

장구망치

표면은 검정 코팅이 되어 있고 한쪽은 평면, 반대편은 볼록하게 튀어나와 있다.
이는 두 가지 기능을 가진다는 의미로 대패의 어미날과 덧날 조정 시 유용하다.

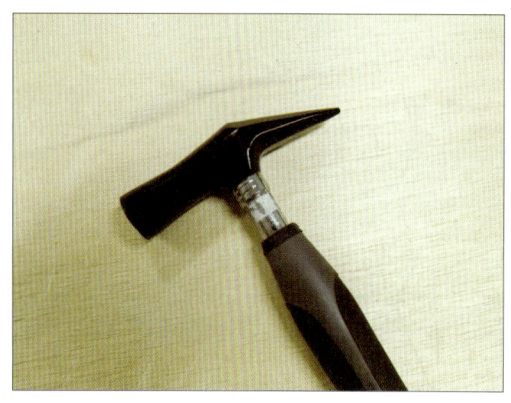

뿔망치

뾰족하게 나온 부분은 대팻날의 평을 잡거나, 못 머리를 박아 넣을 때처럼 좁은 면적에 대한 타격 때 편리하다.

나무망치

손목에 무리를 주지 않아 주로 끌 작업 때 사용하며, 나무망치로 두드리면 손상을 주지 않아 맞춤할 때 사용한다.

고무망치 & 우레탄 망치
가구 조립 시 맞춤할 때나 끼울 때 사용하면 가구 손상이 적다.

작업대

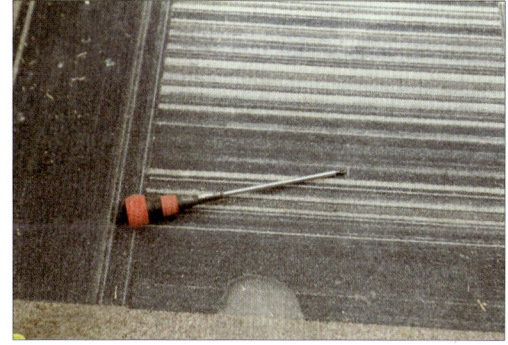

작업장은 자연광보다는 항상 일정한 밝은 조명 아래 작업할 수 있어야 좋으며, 청소하기 불편하더라도 바닥에는 연장이 떨어져도 소리가 나지 않고 장비를 보호할 수 있도록 매트를 깔아두면 좋다.

작업대는 시중에서 구매 가능하지만 가격이 부담될 것이다. 공방에서 사용하는 작업대 구조만 간단히 알아보자.

작업대 위에서 여러 가지 작업을 진행하므로 생각에 따라 다르지만 굳이 좋은 작업대를 장만해야 할 필요는 없다.

- 작업대 1500×800×750mm
- 양판 1600×200×80mm

양판 대패질 시 목재 밑에 받치는 판으로 작업대의 상판을 보호하며 수평이 맞아야 한다. 좀 더 정밀한 대패질이 필요할 때는 양판보다는 석정반을 깔고 작업한다.

- 보통 본인 키의 골반 정도 높이로 대패질할 때 허리를 살짝 구부리는 높이 정도이다. 끌로 타격 및 대패질 등을 하므로 작업 중 흔들리지 않도록 견고하고 튼튼하게 만들면 된다.

- 하부 다리는 구조목을 사용하고 지지대를 넣어 흔들림이 없도록 해야 하며, 상판은 합판 으로 길이만큼 재단하여 덮으면 된다. 상판이 약하다고 생각될 땐 두 장을 겹쳐 탄탄하

게 하고 결구는 피스나 관통장부 정도만 하면 된다.

나무 보관 방법

작업하기 위해 재단한 나무를 그냥 쌓아놓으면 점점 변형이 되어 낭패를 볼 수도 있다. 가구를 만들어서 놓으면, 서로 결합하고 있기에 큰 문제가 없는데 조립하기 전 판재나 넓은 집성목은 휘게 되어 있다.

• 재단한 판재를 보관할 때는 랩이나 끈으로 감은 뒤, 무거운 물건으로 움직이지 못하게 해줄 필요가 있다. 또 합판의 경우는 조금 낫겠지만, 집성목은 세워두면 힘을 받는 부분이 천천히 휘기 때문에 동일 사이즈끼리 눕혀서 보관하고, 위쪽은 다른 무거운 나무로 눌러주어야 한다.

목재

목재의 치수

제재소나 목재소 또는 인터넷에서 구입하는 나무의 치수를 알아야 한다.

실생활에선 cm를 사용하지만 목공을 접하면 mm로 변환해서 표기한다. 1cm를 10등분하면 1mm가 되는 데 가구에선 1mm 오차도 큰 만큼 보다 정확성을 높이기 위해 사용하고 있다. 1000×400×18T로 표기되어 있다면 T는 나무의 두께를 의미하며 mm와 같은 단위이다(1T=1mm).

이 밖에 옛날 단위인 한'푼'은 3.3mm, 한'치'는 30.3mm, 한'자'는 300.3mm와 같다.

목재를 사고 팔 때는 재* 단위로 한다.

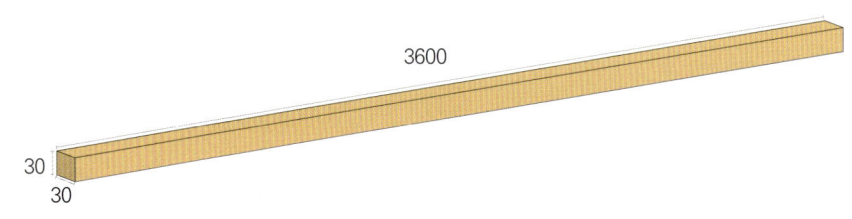

3600

30
30

한 재＝30×30×3600mm＝3,240,000

재＊ 계산 공식

재를 계산하는 간단한 방법은 모두 cm로 수치를 바꾸어서 입방으로 계산한 후 3240으로 나누면 된다.

만약 1m×1m×1m를 100cm×100cm×100cm로 바꾸어서 곱하면 1000000÷3240＝308재가 되어 약 삼백 재이다.

판재 두께 50×폭 300×길이 1000mm＝5×30×100cm로 바꾸어서 곱하면 15000÷3240＝4.6재이다.

05

마름질 기초 작업(4면 대패)

가구를 만들기 앞서 머릿속으로 생각한 가구를 그려야 실수를 최소화할 수 있다.

실제 1:1 크기의 현치도^{現-圖}를 그리거나 건축 설계사들이 도면을 짜고 모형을 만들 듯 작게 만들어볼 수 있는데, 종이에 그려진 도면을 직접 만들어 보면 다르다는 걸 느끼게 될 것이다.

도면은 안쪽의 숨은장부들까지 세세하게 볼 수 없고, 가구의 디자인과 수치 변화로 수정이 필요 때, 간단한 디자인이라도 상대방에게 보여줄 때 정확하게 전달되지 않는다. 이런 불편한 점을 해결해줄 수 있는 게 스케치업^{Sketchup}이란 프로그램이다.

스케치업은 건축, 인테리어, 조경, 건설, 설비, 건물 관리에 필요한 3차원 컨셉트 모델링 도구이다. 지금까지 손으로 스케치했던 방식을 디지털 방식으로 변경하게 되면 속도 경쟁력을 가지게 되며 데이터의 변형과 반복적 사용이 가능하다. 또한 강력한 3차원 기능은 자신의 상상을 의뢰자에게 완벽하게 표현할 수 있도록 도와준다.

스케치업은 목공에 필요한 수치가 1mm로 지정이 가능하고 완성된 가구를 조립 및 분해하면 각 목재의 수치만큼 나누어져 한눈에 파악할 수 있으며, 한국어 지원도 하고 있어 쉽게 접근할 수 있다. 조작 버튼도 몇 가지로만 구성되어 짧은 기간의 학습으로 프로그램을 익힐 수 있다.

식탁의 모델링은 다음 도서 《목공 스케치업에서 가구까지》에서 소개하므로 이번 책에선 참고만 하길 바란다.

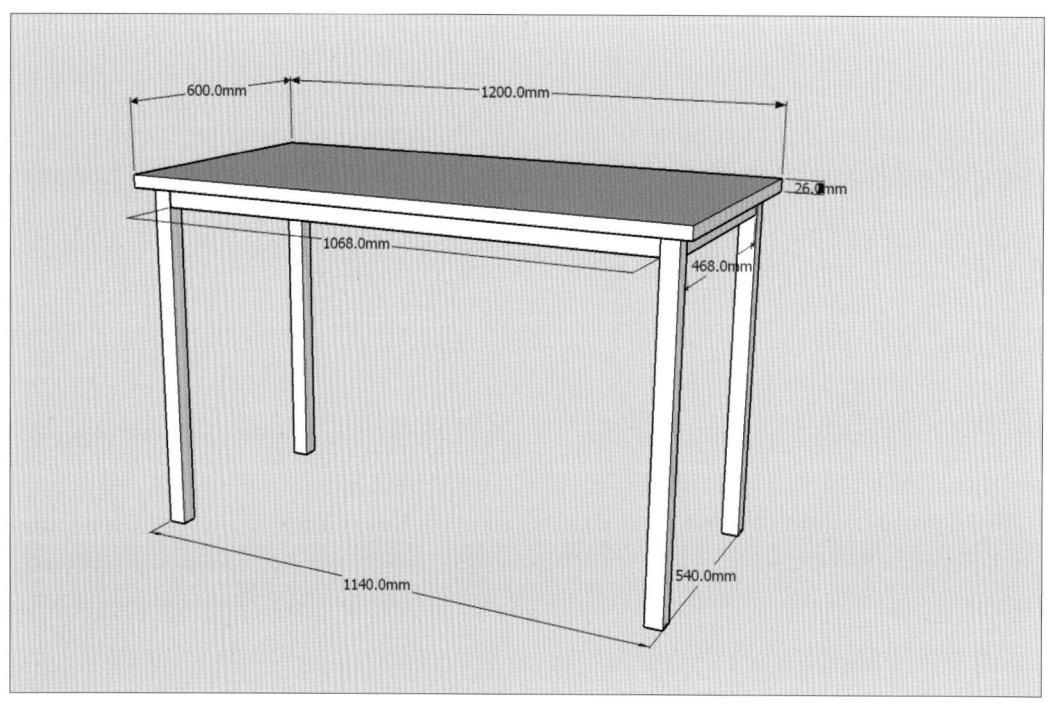

스케치업 프로그램을 사용해 식탁 모델링을 하였다.

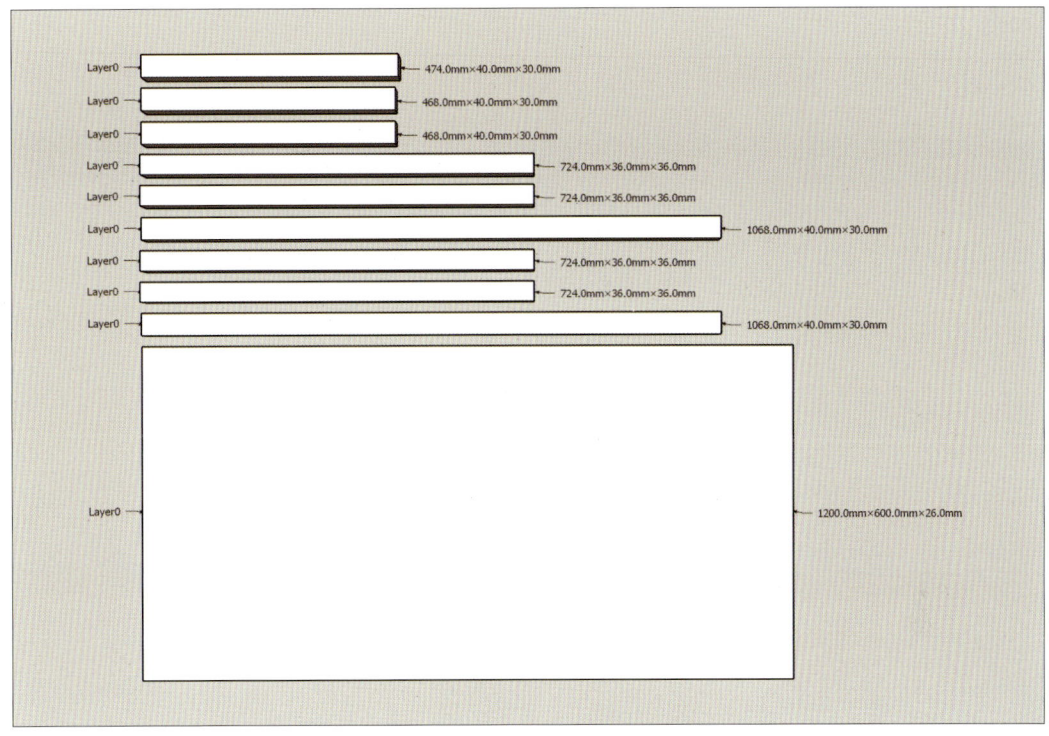

Layer0	474.0mm×40.0mm×30.0mm
Layer0	468.0mm×40.0mm×30.0mm
Layer0	468.0mm×40.0mm×30.0mm
Layer0	724.0mm×36.0mm×36.0mm
Layer0	724.0mm×36.0mm×36.0mm
Layer0	1068.0mm×40.0mm×30.0mm
Layer0	724.0mm×36.0mm×36.0mm
Layer0	724.0mm×36.0mm×36.0mm
Layer0	1068.0mm×40.0mm×30.0mm
Layer0	1200.0mm×600.0mm×26.0mm

모델이 끝난 식탁은 부재정렬 루비를 사용하면 각 부재의 치수를 보여준다.

가구를 제작하기에 앞서 사용할 목재를 준비하는 단계로 4면 대패 과정을 보여주고자 한다. 제재목을 구입할 때는 대패 작업으로 인한 두께 변화에 대해 어느 정도 예측해둬야 한다.

식탁의 상판은 최소 24mm의 두께로 시작해야 판재의 휨 현상 없이 사용할 수 있다.

여기에선 26mm 두께의 상판을 사용할 예정이며 상판을 만들 제재목은 여러 번의 대패 과정을 거치므로 여유 두께를 6mm 정도 생각해야 한다.

대패 가공 전후 두께 변화

단위: mm

가공 전	가공 후
26	20
32	26
38	32
51	44

구입한 제재목은 레드오크 2460×220 ×26mm로 약 4재가 나온다. 제작하는 식탁 상판의 길이가 1200mm라면 1300mm 정도 길이만큼 절단하고 작업한다. 작업 시 1300~1400mm의 여유 길이로 재단해주고 집성이 끝나면 정재단을 해준다.

각도 절단기를 사용하기 위해 클램프로 움직이지 않게 단단히 고정하고 1300~1400mm의 여유 길이로 절단한다.

수압대패 1면

4면 대패 작업을 하는 동안 집진기는 가동한 상태에서 작업한다.

가동하지 않고 작업을 진행하면 많은 양의 목재 부스러기가 사방으로 튄다.

대팻날이 노출될수록 위험하니 목재의
폭에 맞춰 조기대 레버를 잠궈준다.

목재의 상태를 보고 바닥이 오목한 면을 1번으로 정
한다.

순결에 맞춰 진행 방향을 정한다.

밀대로 누르며 일정한 힘을 유지한 채 조
기대에 붙이고 전원을 켜 밀어준다.

1면의 평을 맞출 때까지 여러 번 1mm씩 밀어준다. 대패 과정을 점검해 보면 위쪽부터 중간까지 아직 밀어지지 않았다. 전체면이 대패가 될 때까지 밀어줘야 한다.

1면 가공

수압대패 2면

직각자로 정반과 조기대의 직각을 확인한다.

1번 면을 조기대에 밀착하고 순결에 맞춰 2번 면을 대패 작업한다.

얇은 각재는 밀대를 사용하고, 넓은 판재일 경우에는 2번 면은 밀대 없이 손으로 판재를 잡고 반복하여 밀어준다.

직각자를 이용하여 90° 직각을 확인한다.

수압대패 1, 2번 면

자동대패 3번 면

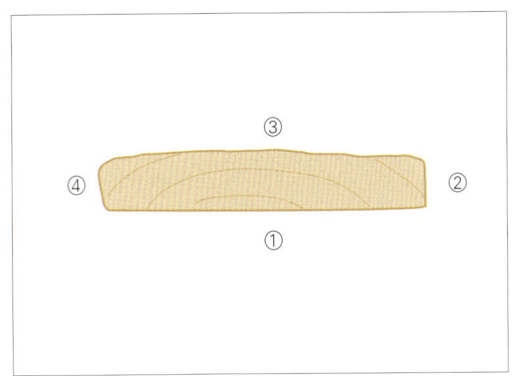

수압대패로 ①, ②번을 기준면으로 만들었으니, 이제 자동대패로 원하는 두께가 나올 때까지 ①번 면을 기준으로 판재의 ③번 면을 깎아낸다.

• 수압대패는 날이 바닥에 있어 목재의 아랫면을 절삭하지만, 자동대패는 날이 위에 있어 목재의 윗면을 절삭한다.

• 여러 개의 작업 대상 목재들은 두께가 서로 다르므로 동일하게 맞출 때에는 두꺼운 순서부터 시작하여 가장 얇은 목재의 두께에 맞춰 진행한다.

1 목재의 두께를 체크해준다. 현재 두께 26mm에서 20mm로 줄일 예정이다.

2 조절레버로 판재의 두께보다 1mm 작은 치수로 높낮이를 세팅한다(25mm).

3 결을 확인한 후 전원을 켜고 순결 방향으로 앞정반과 평행을 유지하면서 3번 면이 위로 향하게 밀어 넣는다.

4 원하는 두께까지 1mm씩 줄여 가면서 깎아준다.

5 두께를 맞추기 위해 여러 번 밀어준다. 1, 3번 면을 돌려가면서 밀어준다. 한쪽 면만 밀어주면 시간이 지나 평이 천천히 휘어져 버린다.

자동대패를 사용해 원하는 두께로 맞춰준다.

수압 + 자동대패 1, 2, 3번 면

테이블 쏘 4면

1 정반과 톱날의 직각을 확인한다.

2 재단할 폭에 맞춰 체크한다.

3 톱날이 목재 두께보다 6mm 정도 올라오게 한다.

4 재단할 선과 톱날을 맞추고 조기대를 잠궈준다. 짧은 각재일 경우에는 밀대를 준비하고 전원을 켜고 목재를 밀어준다.

5 조기대에 밀착하여 톱날 끝까지 밀어주며 재단이 끝날 때까지 톱날을 주시한다. 이 과정을 거쳐야 4면의 직각인 목재가 완성된다.

수압＋자동대패＋테이블 쏘 1, 2, 3, 4
번 면

이처럼 4면대패로 다듬는 작업을 통해 앞으로 사용할 기본적 자재를 준비해둔다.

아직 마름질만 한 상태로, 이후 집성과 정재단, 대패질, 샌딩, 마감재 순서로 넘어갈 예정
이다.

목재의 변형

집성하기 전 판재의 변형에 대해 알아두면 유용하다. 같은 나무에서 켠 판재라도 나이테의
어느 방향을 켰느냐에 따라 휘어짐이 다르다. 바깥쪽에 가까운 무늬결 판재일수록 나무의
함수율에 따라 휘는 정도가 다르며, 길이보다는 너비 쪽으로 휘거나 줄어든다.

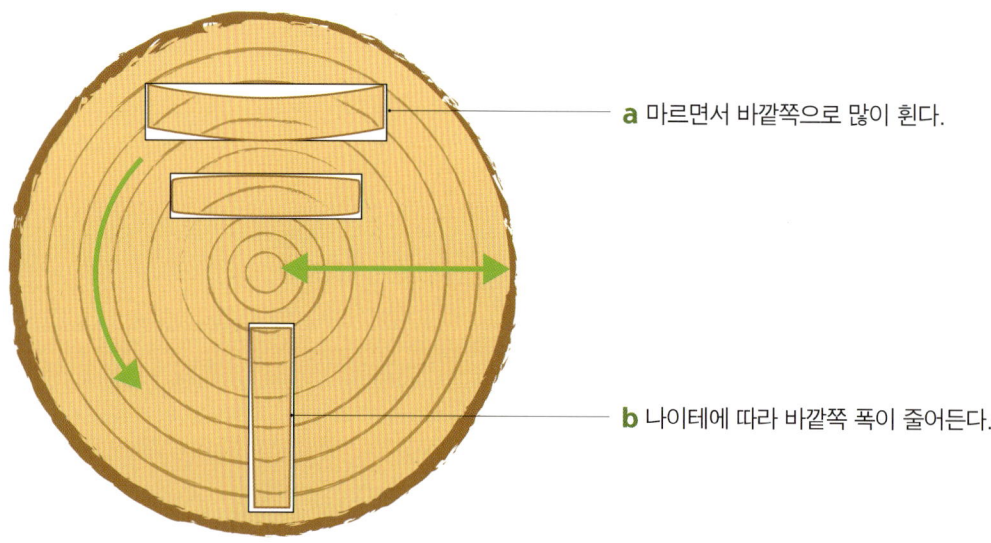

a 마르면서 바깥쪽으로 많이 휜다.

b 나이테에 따라 바깥쪽 폭이 줄어든다.

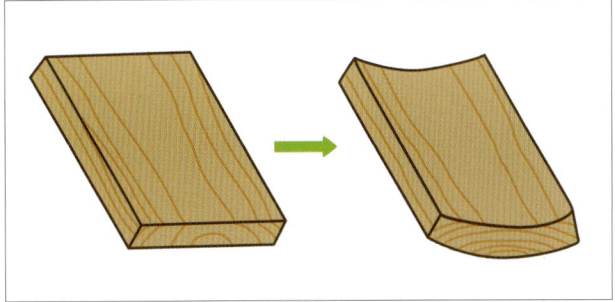

예를 들어 그림 속 판재는 시간이 지남에 따라 나이테 바깥쪽으로 휘어진다. 그렇다면 여러 장의 판재를 집성할 경우는 어떨까?

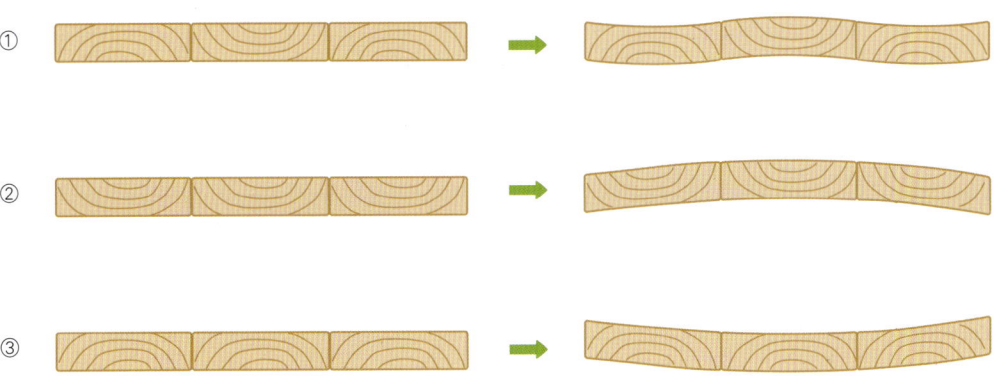

- ①번과 같이 나이테를 서로 다른 방향으로 집성하면 상판이 물결처럼 일어날 가능성이 있다.
- ②번과 같이 한 방향으로 집성하면 전체적으로 볼록해지고 ③번은 오목해진다.

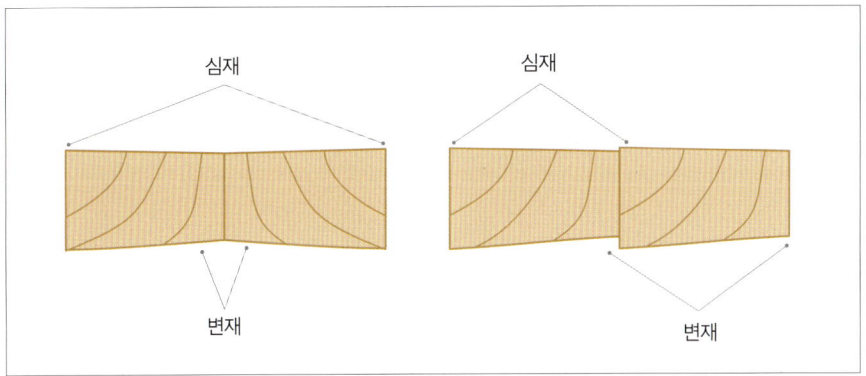

- 심재는 심재끼리 짝을 지어주고 변재는 변재끼리 맞춰야 단차를 줄일 수 있다. 꼭 이렇게 해야 되는 것은 아니지만 나무의 특징을 참조하여 자기에게 맞는 방법과 나무의 상태에 따라 다르게 하면 된다.

슬립매칭   북매칭

1 집성 시 상판은 보여지는 목재의 무늬를 보아 북매칭^{Book Matching}을 우선한다.

2 1300~1500mm 이하 짧은 상판일 경우 목재의 변형과 관계없이 집성해도 된다.

3 보통 나뭇결이 같은 방향이 되어야 대패질 시 엇결이 일어나지 않는다.

판재 집성하기

다시 집성으로 넘어가 4면 대패 후 집성할 판재들을 배치하고 붙여 본다.

이때 마구리면도 살펴보고, 북매칭도 해보며 가장 보기 좋은 걸로 선택한다.

집성할 판재를 미리 펼쳐 앞뒤, 위아래를 혼동하지 않도록 표시해준다.

상단과 하단의 삼각형 표시는 세모의 꼭짓점이 위쪽 방향이며 넓은 쪽이 아래쪽이 되어 작업 도중 발생할 수 있는 실수를 줄일 수 있다. 아니면 자기만의 방식대로 숫자를 적어 구별해도 된다.

집성 면이 평이 맞지 않아 틈새가 있다면
다시 수압대패를 이용해서 면을 잡는다.

평이 안 잡힐 경우 두 개의 판재를 겹쳐
수압대패로 평을 잡으면 두 면이 일치하
게 된다.

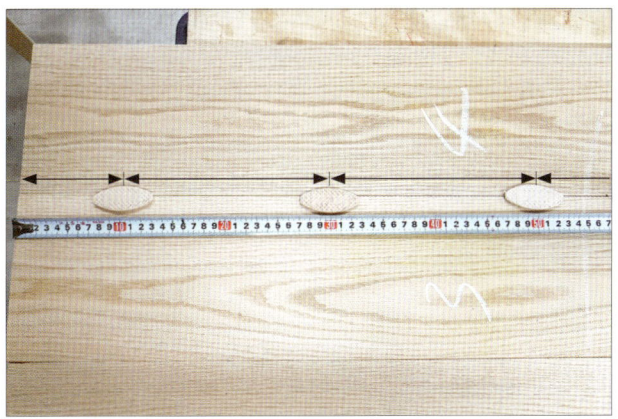

- 넓은 상판 집성은 #20 비스킷을 사용
  한다.

- 양쪽 끝에 위치하는 비스킷은 판재의
  끝에서 10cm 정도 안에 배치한다.
  이는 집성 후 정제단을 하기 위해 끝
  20mm 정도를 잘라낼 때 비스킷이
  노출되는 것을 방지할 수 있다. 그 후
  200~300mm 간격으로 비스킷을 배
  치한다.

비스킷을 넣을 부분에 연필로 간격을 표시한다.

비스킷조이너를 사용하기 전 판재가 밀리지 않도록 고정한다.

- 윗면을 기준으로 해서 도미노나 비스킷으로 뚫어 준다.

- 비스킷조이너의 중앙 표시에 연필선과 일치시키고 가볍게 밀어준다.

- 비스킷을 넣지 않아도 접착 강도는 충분하지만 판 재끼리 평평하게 맞지 않고 뒤틀리기 때문에 넣으 면 비스킷이 기준을 잡아줘 단차 잡기가 쉬워진다.

- 두께 정중앙에 톱날이 들어가면서 반월의 구멍이 생긴다.

- 총 4개의 판재를 한 쌍씩 두 판으로 집성하고 두 판 을 최종 넓은 한판으로 집성할 계획이다.

접착제는 칫솔로 고르게 펴주면서 모든 면에 바른다.

• 비스킷을 끼우고 판재끼리 홈에 맞게 끼워준다.

• 클램프를 사용할 때는 손잡이 방향이 모두 같은 쪽에 오도록 잡아줘 힘의 균형을 맞춘다.

• 상하좌우 모두 평행으로 고정해야 한다.

• 클램프를 한 면만 잡으면 나무가 휘게 되니 짝을 맞춰 반대편으로도 클램핑해준다.

이때 삐져나온 접착제는 물티슈나 헝겊에 물을 적셔 최대한 깔끔하게 제거해준다.

클램프를 사용할 땐 파이프가 나무에서 일정한 간격으로 살짝 떨어지게 잡아준다.
사진 속 중간의 2개의 가이드는 판재가 휘어지는 것을 막아준다.

한 쌍씩 집성한 2개의 판재를 다시 하나의 판재로 집성한다.

다시 홈부터 접착제를 바르고 집성 면에도 칫솔과 붓을 이용하여 골고루 발라준다.

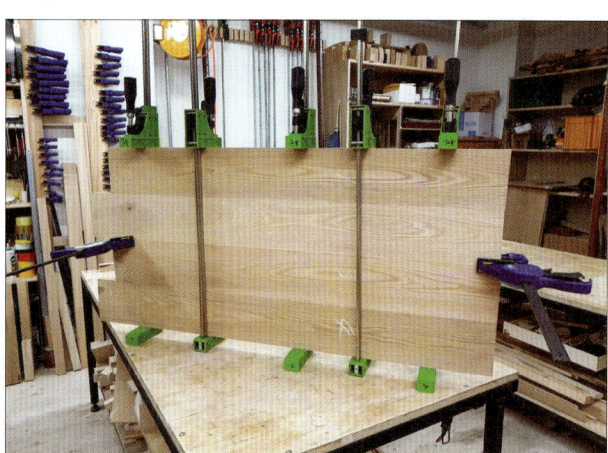

- 접착제 제거 및 마지막 상판 집성이 끝났다.
- 2~3시간이면 단단히 붙지만 하루 정도 두면 완전히 붙는다.

클램프가 끝난 후 비스킷을 사용하여 전체적으로 심하게 단차가 생기지는 않지만, 잘 맞춰 집성하더라도 미세하게 단차가 나는 부위가 있어 잡아줘야 한다. 일단 1200 × 600 사이즈로 정재단을 하고 작업할 예정이다.

아직 마구리면은 직선이 아니며 접착제 자국이나 상처 등으로 깨끗하지 않아 양끝을 재단해야 한다.

집성한 비스킷 자리를 피해 절단면의 기준을 잡고 90°인 T자로 선을 그어준다.

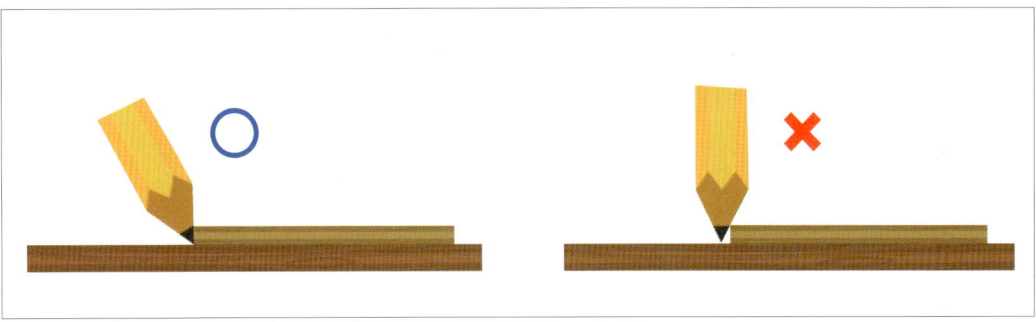

- 연필 선을 그을 때는 부재와 연필심 사이에 미세한 간격이 있으면 오차가 나게 된다. 반드시 연필 끝이 딱 맞아야 하니, 연필심은 항상 끝을 깎아두자.

- 넓은 집성판의 마구리면은 자르기용 '슬라이딩 테이블쏘'로 자를 수 있지만 없을 경우 플런지쏘를 사용하여 자른다. 켜기용 '테이블쏘'는 자르는 도중 흔들릴 수 있다.

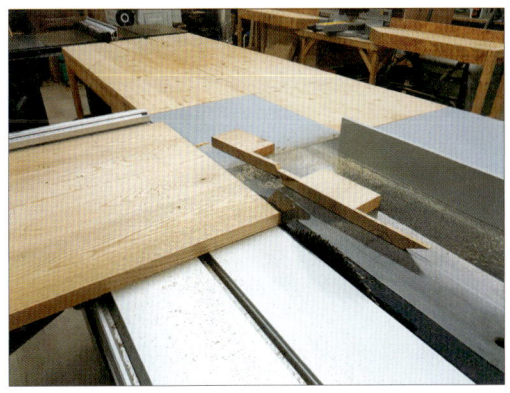

슬라이딩 테이블쏘로 연필선에 맞춰 재단해주고 이를 기준으로 반대편도 1200mm 길이로 재단해준다.

1200×600 사이즈로 정재단을 해주었다.

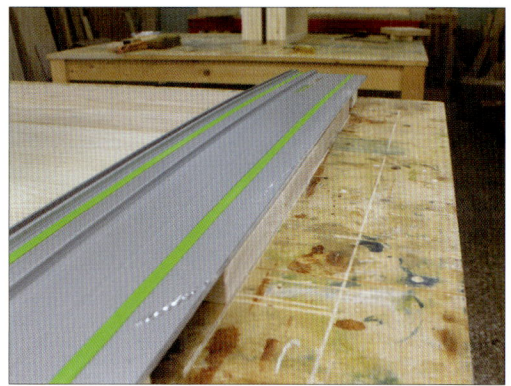

슬라이딩 테이블쏘가 없다면 플런지쏘를 사용하여 정재단하는 방법이 있다.

단차나 접착제 자국이 있는 부분은 직접 손대패나 스크래퍼를 이용해 잡아준다. 손대패를 사용해 거스러미가 일어날 경우 스크래퍼로 다시 한번 밀어주고, 단차가 나는 부분은 손바닥으로 만져가면서 잡아나간다.

프레임 만들기

식탁 모델링의 치수에 맞춰 각 부재를 준비한다.

다리는 넓이와 두께가 같은 36mm 각재로 제작하기 위해 20mm 두께의 각재 2개를 집성하여 40mm 두께로 집성하였다.

집성이 끝난 각재는 자동대패를 사용하여 원하는 두께로 맞춰주고 마지막엔 동일한 두께로 맞추기 위해 4개의 각재를 동시에 넣어 같은 두께로 맞춰준다.

슬라이딩 테이블쏘를 이용하여 4개의 다리 길이를 정재단해준다.

이와 같은 방법으로 프레임에 사용할 다리와 가로대, 측면 가로대, 중간 가로대를 준비한다.

깨끗한 목재의 표면은 바깥쪽 보이는 방향으로 정하고 각 4개의 다리 위치와 핀이 들어갈 방향을 표시한다.

다리와 가로대를 연결하기 위해 안쪽면이 아닌 보이는 바깥 면을 기준으로 도미노핀이 들어갈 중간 점에 표시
해준다. 폭이 40mm인 긴 가로대의 중간인 20mm로 맞춰 눈금게이지로 장부가공을 할 연필선을 그어주고 가
로대가 연결되는 다리도 표시한다.

가로대와 다리의 연필선이 일치해야 장
부가공을 해도 어긋나지 않는다.
이렇게 각각 연결하는 프레임에 맞춰 연
필선을 그어준다.

각 연필선에 맞춰 장부가공을 해준다.

장부가공에 앞서 유념해야 할 부분은, 다리에 연결하
는 가로대의 도미노핀이 교차하기에 간섭하지 않는
깊이에 맞춰 핀을 선택하여 가공해줘야 한다.

가공이 끝나면 가조립을 해보고 문제점이나 보완점이 있는지 점검한다.

모서리 다듬기

이제 상판과 프레임의 모서리를 둥글게 다듬어주어야 한다.

모든 모서리를 다듬기보다는 직접 피부에 접촉할 수 있는 부분을 위주로 한다.

모서리를 다듬을 때 날을 나무에 붙여 놓고 작동시키면 갑작스런 날의 회전으로 떨어뜨리거나 나무에 상처를 낼 수 있으니 적당한 가속도가 붙은 상태에서 나무에 닿아야 안전하게 사용할 수 있다.

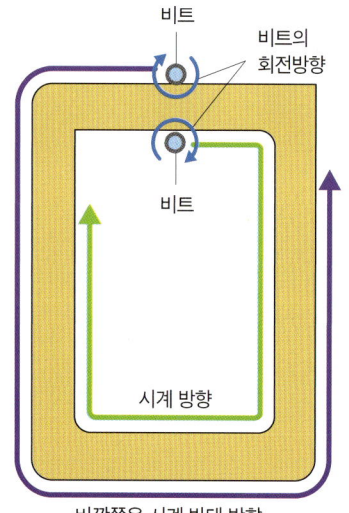

비트

비트의
회전방향

비트

시계 방향

바깥쪽은 시계 반대 방향

목재는 항상 왼쪽에 놓고 시계 반대 방향으로 움직여야 한다.

라운드 오버비트 3R를 사용하여 모서리를 둥글게 처리 했다.

다리 조립

조립하기 전에 넓이 방향이나 길이 방향 중 먼저 선택하여 결정하고 머릿속에 순서를 정리해본 후 집성한다.

24시간 후에 단단히 굳으면 한 쌍의 다리를 연결해준다.

조립하며 나온 접착제는 미리 제거해줘야 일을 조금이라도 줄일 수 있다.

하루정도 단단히 굳게 나둔다.

불도장 찍는 법

가구를 만들게 되면 자신의 작품에 고유의 흔적을 남기고 싶어질 것이다. 그 흔적이 상표나 가구의 포인트가 되기도 한다.

도장은 사이즈가 클수록 가격도 비싸지지만 도장이 눈에 띄어 가구의 미관을 해칠 수 있다. 또 너무 작은 도장은 글자가 바짝 붙어 있으면 타면서 번져 알아볼 수 없게 되니 어느 정도 글자 간의 간격을 주고 제작해야 한다.

좀 탈 수도 있고, 살짝만 찍힐 수 있으니 서명 전에 미리 자투리 목재로 충분히 연습하면 실수를 줄일 수 있다.

불도장을 찍을 땐 위에서 누르면서 힘을 주기보단 한쪽이 뜨지 않게 눈높이에서 수평인지 관찰하며 찍어주어야 안정적이다. 실수할 경우 수정하는 방법은 〈협탁 만들기〉 편에 소개할 예정이다.

샌딩

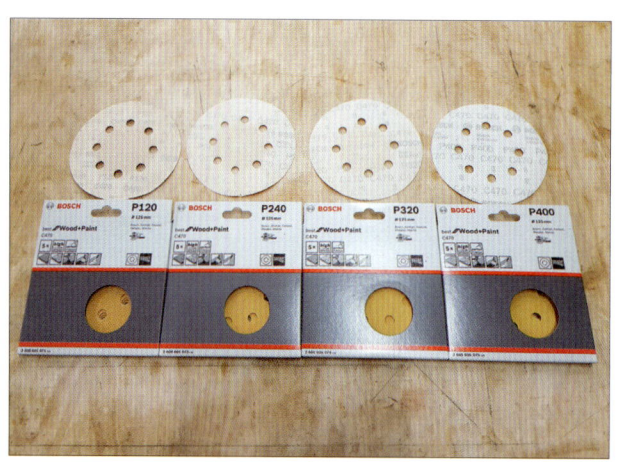

샌딩은 거친 80번, 120번, 240번 순으로 이루어질 예정이다.

추후 320번, 400번, 600번은 오일 작업 때 사용할 예정이다.

복잡한 구조의 가구는 조립 후에 샌딩이 어렵기에 미리 1~2차 샌딩을 하고 조립해도 된다. 단순한 구조의 가구는 조립 후에도 상관이 없으며 사포는 가지고 있는 사포들 중에서 번호가 낮은 순서에서 높은 순서로 이루어지면 된다.

절단면, 톱날 자국, 연필선 제거 및 표면을 부드럽게 하기 위해 샌딩을 해준다.
먼저 상판의 뒷면부터 대패가 지나간 자리 위주로 전체면을 샌딩해주며 순차대로 80번, 120번으로 해준다.
오일을 바르기 전 부드러운 마감을 위하여 물티슈나 천에 목재 표면을 물로 적시고 건조시킨 후 220번 이상의
사포로 샌딩해준다.

오일 바르기

오일은 목재의 수많은 미세한 구멍에 흡수되어 공간을 메꿔 변형을 막아줘 처음 목재 상태를 유지하는 데 좋은 마감재이다. 그에 반해 도막이 얇기 때문에 외부의 오염에 약한 단점이 있어 주기적인 관리가 필요하다.

오일의 사용은 가구의 완성도를 높여주는 만큼 수많은 회사의 오일들의 특성을 알아보고 자신과 궁합이 맞는 오일을 찾아야 한다. 초기엔 여러 오일들을 테스트해 보고 각 특징들을 알게 되면 몇 가지로 좁혀져 사용하는 것만 쓰게 된다.

이 책에선 하드우드와 소프트우드의 차이에 따른 마감 방식이 아닌 오일 하나만 가지고 작업할 예정이다. 여기서 오일은 목재에 충분히 스며드는 침투력 강한 하도오일과, 그 위에 연질을 보호하고 스크래치를 보호해주는 마감오일(상도오일)로 구분된다.

현재 많은 사람들이 사용하고 있으며 상업적 용도로 사용하는 오일 중 하나를 소개한다.

상품명	슈페리어 데니쉬 오일^{Superior Danish Oil}
브랜드/원산지	리베론/영국
작업도구	마른 면천, 브러쉬 등
재도장/건조시간	5시간 후 재도포/완전 건조 4~5일 이상
세척제	미네랄 스피릿
도포 횟수	2~4번 권장
용도	실내외 목재에 사용 가능
보관방법	서늘하고건조한 곳에 보관/얼지 않게 주의(상온 보관)
주의사항	강한 내구성을 요하는 표면 위에는 별도의 마감 권장

슈페리어 데니쉬 오일^{Superior Danish Oil}은 퓨어팅오일과 천연오일의 혼합 오일로, 화학물질이 포함되어 있지 않아 유럽 EN71 인증한 제품이다. 또한 UV 필터가 첨가되어 변색을 막아주고 물, 열기, 알콜과 음식의 산성에 대한 저항성이 높으며 목재에 영양을 공급하면서 표면을 보호한다.

시공법

실내용 목재 작업

브러쉬나 보풀이 없는 면천을 이용하여 도포한다.

도포 후 5~10분 가량 오일이 스며들기를 기다린 후 스며들지 않고 남아 있는 오일은 면천을 이용하여 닦아낸다.

최소 3회 이상 도포를 권장하며 5시간 이상 건조 후 재도포한다.

실외용 목재 작업

실내용 목재와 동일하며 4회 이상 도포를 권장한다.

스며들지 않고 남은 오일을 닦아낼 필요는 없지만 오일이 흘러내리는 부분은 닦아줘야 한다.

주의사항

사용한 천은 겹쳐 놓지 말고 한 장씩 펴서 말리거나 물에 적셔 화재에 대해 예방한다. 또는 밀폐된 전용 통에 넣어 공기를 차단한다. 건조한 겨울철엔 발화 조건이 맞아 화재가 나는 경우가 발생한다.

- 오일이 묻지 않도록 미리 바닥에 쫄대를 놓고 뒷면부터 나무가 흡수하도록 얇고 꼼꼼하게 바른다.
- 뒷면, 옆면, 앞면 순으로, 중요하지 않는 부분부터 가장 중요한 부분 순서로 바른다.
- 붓으로 칠할 경우에는 바르는 오일이 두꺼워지니 잘 펴바른다.

- 5분 ~ 10분 후 남아 있는 오일은 헝겊으로 문질러 닦아준다.
- 1차로 흡수하는 단계라 그렇게 많은 오일을 토하지는 않는다.

1차 도포 후 최소 5시간 이상 건조시켜주며 되도록 다음날 2차 도포작업이 이루어져야 충분한 건조가 된다.

2차 도포 전 320번 사포로 샌딩해주고 에어건으로 분진을 날려 표면을 깨끗이 유지하고 1차와 같이 도포를 시작한다.

모든 칠 작업은 얇게 전체적으로 칠하는 것이 가장 좋다.

이런 방식으로 최소 3회, 가장 이상적인 도포 횟수는 5~6회로 도포 작업을 해준다.

이제 상판과 다리를 연결하기 위해 8자 철물을 달아주고 나사 구멍을 뚫어줄 자리에 송곳으로 표시한 후 쪼개짐을 방지하기 위해 드릴로 5mm 정도 나사 길을 뚫어준다.
8자 철물은 〈협탁 만들기〉 편에 소개할 예정이다.

나사를 연결해주면 작업이 끝난다.

06

협탁 만들기

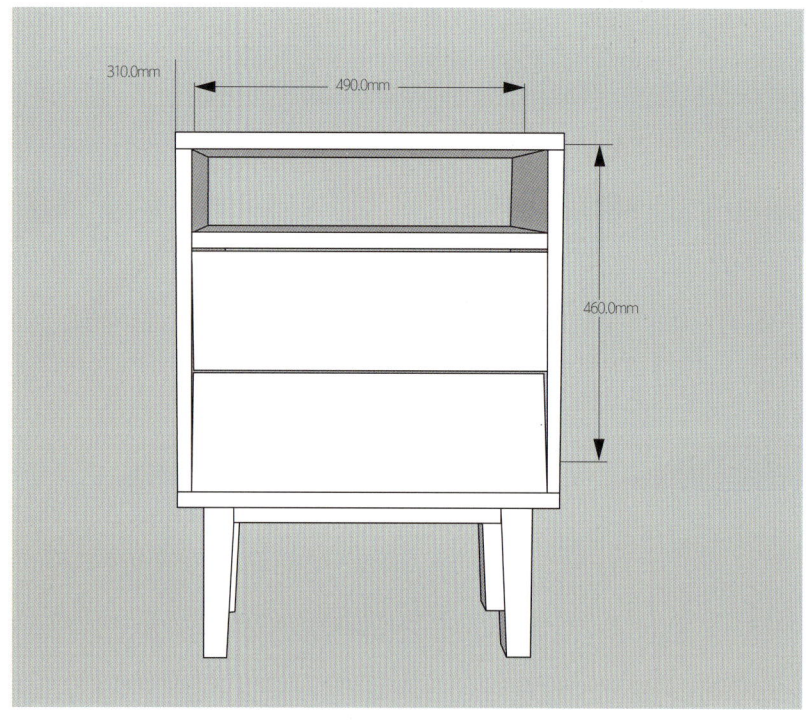

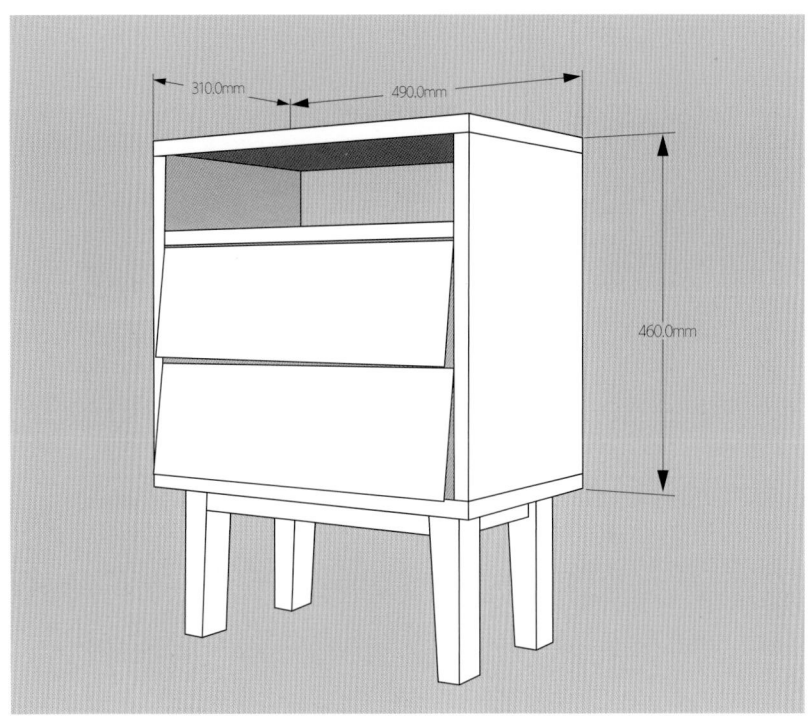

지금부터 스케치업을 사용해 협탁을 디자인하고 직접 만들어볼 계획이다.

디자인이 끝난 도면은 스케치업의 플러그인plugins에 부재정렬 루비를 활용하면 일정한 간격을 두고 자재별로 분해되어 보여준다. 이를 통해 자재의 정확한 치수와 자재량을 파악할 수 있어 정리가 쉬워진다.

이제부터 이 책의 목공 기초에 대한 설명을 바탕으로 도면을 보고 협탁을 만들어볼 예정이다.

먼저 상황에 맞게 사용할 목재 선별 작업을 한다.

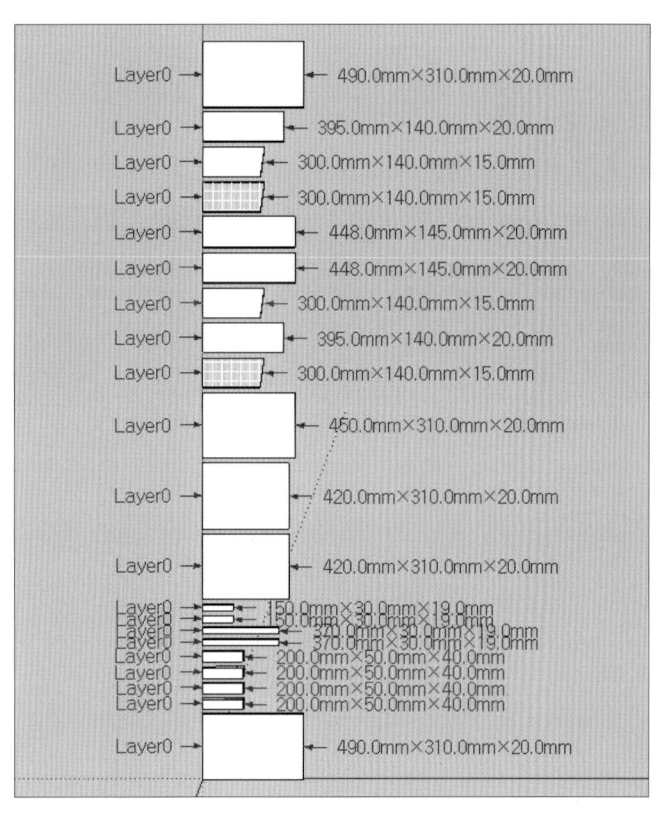

Layer0	490.0mm×310.0mm×20.0mm
Layer0	395.0mm×140.0mm×20.0mm
Layer0	300.0mm×140.0mm×15.0mm
Layer0	300.0mm×140.0mm×15.0mm
Layer0	448.0mm×145.0mm×20.0mm
Layer0	448.0mm×145.0mm×20.0mm
Layer0	300.0mm×140.0mm×15.0mm
Layer0	395.0mm×140.0mm×20.0mm
Layer0	300.0mm×140.0mm×15.0mm
Layer0	450.0mm×310.0mm×20.0mm
Layer0	420.0mm×310.0mm×20.0mm
Layer0	420.0mm×310.0mm×20.0mm
Layer0	150.0mm×30.0mm×19.0mm
Layer0	150.0mm×30.0mm×19.0mm
Layer0	150.0mm×30.0mm×19.0mm
Layer0	370.0mm×30.0mm×19.0mm
Layer0	200.0mm×50.0mm×40.0mm
Layer0	200.0mm×50.0mm×40.0mm
Layer0	200.0mm×50.0mm×40.0mm
Layer0	200.0mm×50.0mm×40.0mm
Layer0	490.0mm×310.0mm×20.0mm

마름질 기초 작업

준비물 레드오크, 화이트애쉬, 8자 철물, 3단 레일

가구를 만들 때 한 수종의 나무만 사용하는 게 아니라 여러 수종을 혼합하여 제작하기도 한다. 이번은 레드오크와 애쉬를 사용하여 제작할 예정이다.

보유하고 있던 레드오크는 상판과 옆판만 사용하고 새로 구입한 애쉬는 집성한 후 앞판과 다리를 만들기로 했다.

마름질을 하는 단계는 반복 학습인 만큼 간단하게 설명하며 넘어가겠다.

2700mm 길이의 애쉬는 앞판의 448mm 길이보다 넉넉하게 500mm 길이로 재단해준다.

수압대패와 자동대패를 거쳐 3면의 평을 잡아준다.

마지막으로 테이블쏘를 거쳐 4면 대패 가공을 해준다. 이렇게 기본적 4면 대패를 거쳐야 가구의 작업을 할 수 있다.

앞판 집성

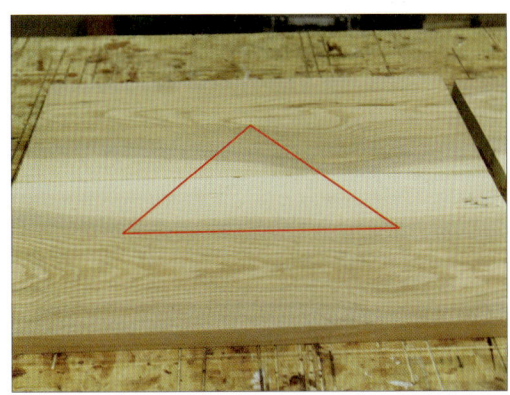

원하는 넓이만큼 집성하기 위해 무늬가 자연스럽도록 북매칭을 해보고 표시한다.

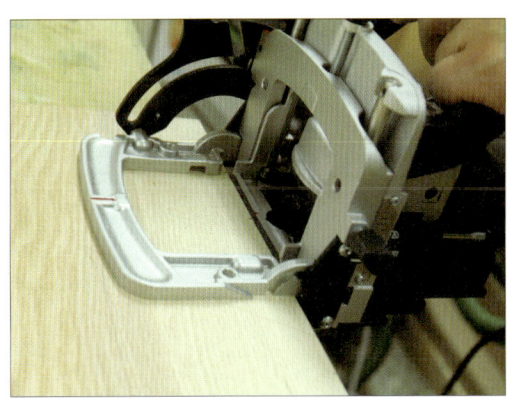

비스킷 조이너를 사용하여 가공해준다.

접착제를 바르고 클램프로 균일한 힘을 받을 수 있도록 일정한 간격으로 조여준다.

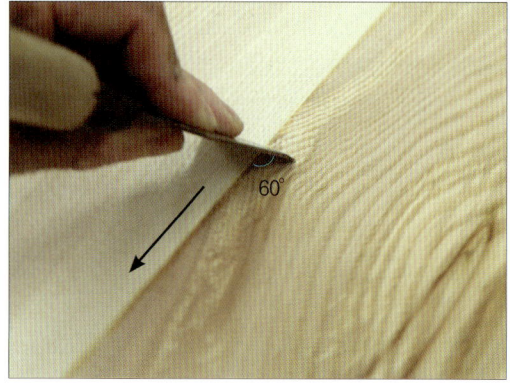

집성 후 20분 정도가 되면 아직 접착제가 마르지 않은 상태에서 클램프를 해체하고 구두칼로 30° 각도에서 접착제를 제거해준다. 계속해서 60°로 세워 남아 있는 접착제를 긁어낸 뒤 다시 클램프로 고정해준다.

프레임 제작

집성하는 동안 다리의 프레임도 정재단하고, 가조립해 확인한다.

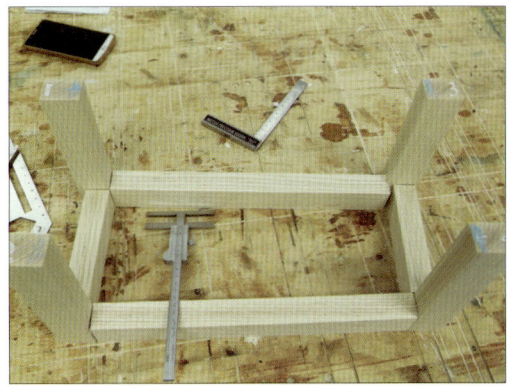

안쪽 다리 사선 작업 전 먼저 착오가 없도록 사진처럼 절단 부위를 표시한다.

절단 부위를 잘 표시한 후 밴드쏘로 선에 맞춰 2mm 여유를 주고 재단한다.

이렇게 자른 사선 다리는 대패를 이용하여 말끔하게 정리해준다.

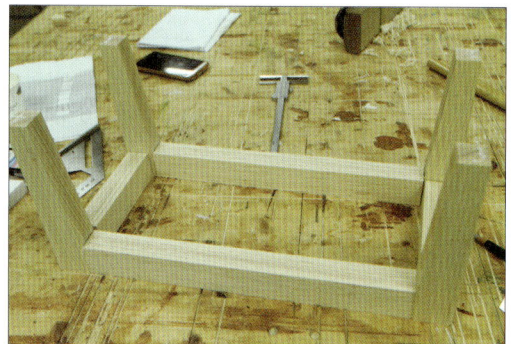

대패질한 사선 다리는 각각 높낮이가 달라 한번에 4개를 모아 다시 사선으로 대패질해 균등하게 맞춘다. 작업이 끝난 후 가조립해 확인한다.

이제 다리의 부재끼리 연결하기 위해 안쪽 면이 아닌 보여지는 바깥 면을 기준으로 도미노핀이 들어갈 중간 지점에 표시해준다. 안쪽 면에 기준을 잡고 표시하면 반대편 보여지는 바깥면의 각재가 조금씩 삐져나올 수 있어 바깥을 기준으로 한다.

깊이와 두께 및 도미노핀의 크기를 세팅한 후 표시한 기준점에 영점을 맞춰 천천히 밀어준다.

접착제 작업 전에 절단한 부분에 목재의 거스러미가 남아 있어 미리 다듬어주고 접착제를 바른다.

양쪽의 다리 균형을 잡아주기 위해 클램프로 조여준다. 이때 망치보단 클램프가 효과적이다.

밴드클램프를 이용하여 다시 잡아주고 직각자를 이용하여 안쪽 직각을 확인한다.

클램프 해체 후에 수평과 각 연결 부위를 확인해보니 단차가 발생했다.

덧날을 빼고 어미날만 조금 나오게 한 뒤 대패로 다듬어 단차의 높이를 맞춰준다.

집성한 판재를 재단하기 전에 상판, 옆판, 중간판 등에 본인이 잘 알 수 있도록 표시하고, 정사이즈 넓이만큼 정재단한다.

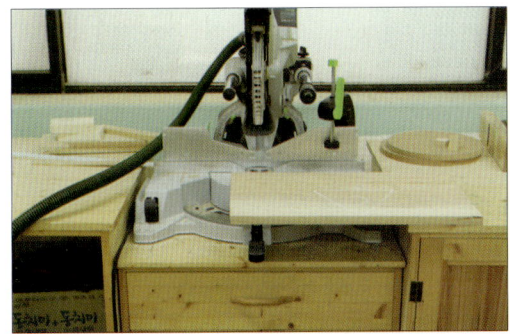

정사이즈 길이만큼 자르기 전에 집성한 판재의 양쪽 마구리면이 직각이 아니기 때문에 기준이 되는 직각을 만들기 위해 각도 절단기로 한쪽 마구리면을 잘라준다. 자른 기준면을 테이블쏘의 조기대에 맞춰 정사이즈만큼 재단해준다.

판재 다듬기

여기서 재단이 끝난 판재는 대패나 샌딩을 해주는 데 둘 중 하나를 선택하여 해주면 된다.

단차가 있고 많이 휘어진 판재라면 대패 방법이 좋다.

대패 방법

정사이즈로 자른 집성 판재는 스크래치나 접착제 자국이 남아 있고 표면의 결을 더욱 살리기 위해 대패질한다. 처음 대팻날은 0.08mm 정도로 나오게 하여 전체 면을 쳐주고 다시 날을 0.03mm 정도로 해서 마무리해준다. 첫 대패질이라면 집성판의 볼록한 부분은 많이 깎이고 오목한 부분은 전혀 안 깎일 수도 있다.

뒷판의 홈 작업으로 거스러미가 있고 판재의 표면도 아직 다듬어지지 않아 보유하고 있는 #80,180,400번 순으로 샌딩했다.

샌딩이 끝난 판재는 나뭇결에 분진이 붙어 있어 에어로 말끔히 제거해준다.

다시 가조립을 해보고 앞으로의 진행 상황이나 문제점이 있는지 확인한다.

비스킷칩을 이용하여 조립할 예정이라 보이는 바깥면을 기준으로 비스킷칩이 들어갈 자리를 표시한다.

연필선을 표시한 곳에 가공해준다.

홈에 비스킷칩을 넣고 가조립해 잘못된 점이 있나 확인한다.

뒷판 홈 가공

이제 뒷판을 끼울 홈 가공 위치를 연필로 한 바퀴 돌려 표시한다.

뒷판 그리기

가조립한 상태에서 연필을 쥐고 가운데 손가락을 사진처럼 마구리면에 댄 뒤 뒷판이 들어갈 5mm
정도에 한 바퀴 쭉 그어나간다. 그러면 두 개의 판재가 겹쳐지는 직각인 Ⓐ는 연필선이 그려지지
않는다. 이렇게 연필선을 그려주면 어디까지 뒷판 홈을 파줘야 하는지 구별이 쉬워진다.

뒷판 홈은 마구리에서 5mm만큼 간격을 둔다. 뒷판의 삽입 깊이도 5mm 정도인데 여유공간 1mm를 두어 6mm 정도 깊이로 작업해준다. 작업이 끝난 후에 뒷판으로 쓸 자투리 나무를 끼워 확인한다.

다시 가조립하고 뒷판 홈이 잘 맞게 파였는지 확인 후에 뒷판이 들어갈 뒷공간의 가로 세로 길이를 재어본다.
450mm×300mm의 길이지만 양쪽 홈 5mm씩을 더해 460mm×310mm로 재단한다.

뒷판은 주로 오동나무, 삼나무, 합판을 사용하는 데 7mm 두께의 오동나무로 서랍의 안쪽 보이는 면을 전체 샌딩하고 홈에 끼울 4각의 마구리면들은 빙 둘러 각이 지게 사선으로 샌딩해주면 홈에 끼울 때 한결 수월하다.

조립

준비가 끝났다면 머릿속에 조립 순서를 정리해본다.

중간판부터 조립을 시작해 흔들리지 않게 클램프로 임시 고정한 후 뒷판과 아랫판을 넣고 상판을 조립했다. 조립 과정 중에 나무 틈 사이로 얇게 바른 접착제가 빨리 굳어버려서 다시 발라야만 했다. 접착제를 두껍게 바르면 사이로 샐 수도 있으므로 작업 시 주의해야 한다.

힘을 고르게 받을 수 있도록 짝을 맞춰 균형 있게 클램프로 조여준다.

12시간이 지난 후 클램프를 해체했다. 계속해서 이번에는 내부 서랍을 만들 차례이다.

서랍 만들기

3단 레일(250mm)로 내부 서랍을 만들기 위해서는 실제 사이즈(450mm× 297mm)를 알아야 한다.

내부 450mm의 사이즈에서 양쪽 레일의 두께(13mm)만 빼주면 (450-13-13=424mm) 된다.

424mm의 길이에 서랍의 오동나무 두께 14.5mm(424-14.5-14.5=395mm)를 빼주면 서랍 내부의 길이가 나온다.

앞판 두께

깊이 297mm에서 서랍 앞판의 두께인 20mm(297-20=277mm)를 빼주면 277mm로, 여유 공간을 두어 270mm의 깊이로 정하면 된다.

서랍의 높이는 서랍 앞판이 150mm이므로 위, 아래 여유 공간을 10mm씩 두어 130mm로 정해줬다.

서랍 앞판 사이즈보다 양쪽 1mm씩 여유를 두어 (450 - 2 = 448mm) 사이즈 별로 서랍과 서랍 앞판을 재단한다. 추후 앞판과 내부 서랍을 결합할 예정이다.

이제 사이즈별로 재단하고 접착제와 타카를 이용해 조립한다.

서랍 조립 시 유의사항

서랍은 주로 직사각형 모형으로 조립하는 데 앞판과 연결되는 면은 마구리가 안 보이도록 해줘야 깔끔하게 보인다. 또한 서랍은 당겨서 빼는 방식이라 타카핀을 앞쪽에서 박으면 옆에서 박을 때보다 고정해주는 힘이 약해질 수 있다. 따라서 이 방식의 서랍은 타카를 이용하여 간편하고 빠르게 만들 때 많이 사용하고 있으며 단단하게 만들고 싶다면 반턱 주먹장으로 만들어 쓴다.

접착제 제거

클램프 해체 후 흘러 남은 접착제가 남아 있으면 제거해준다.

협탁은 마구리와 접착제를 바른 부분을 집중적으로, 거친 사포에서 부드러운 사포 순으로 샌딩해주고, 서랍은 전체적으로 샌딩해준다.

다리 또한 샌딩한 뒤 에어로 깨끗이 분진을 날려준다.

샌딩이 어려운 안쪽 모서리는 끌이나 구두칼을 이용해 접착제만 제거한다.

불도장 수정하기

오일을 바르기 전 적당히 원하는 위치에 불도장을 찍어준다.

도장이 들떠서 살짝만 찍힐 경우 겹쳐 찍어보고 심한 경우에는 대패로 다듬어준다.
대패로 불도장 흔적을 지웠으면 평을 맞추기 위해 가구의 테두리를 전체적으로 대패질해주고 다시 찍는다.
불도장을 찍을 부위에 물을 살짝 묻히면 열기로 인한 불탄 자국의 확산을 막을 수 있어 더욱 깔끔하게 나올 수 있다.

오일 칠하기

슈페리어 데니쉬 오일을 결 방향으로 도포하면 숨어 있던 나뭇결이 더욱 선명하게 나타난다. 10분 후 남아 있는 오일을 닦아주고 최소 5시간 건조시킨다.

샌더기를 이용해 고운 사포로 가볍게 샌딩해주고, 빛에 비춰 오일이 뭉친 곳이나 샌딩이 안 된 곳이 있는지 확인한 후 다시 가는 사포를 이용하여 직접 샌딩해준다. 샌딩 후에는 끈적임이 남아 있으니 마른 걸레로 닦아준다 (샌더기는 돼지꼬리 모양의 스크래처가 발생하므로 손사포를 이용해 결 방향으로 사포질해주는 것이 좋다).

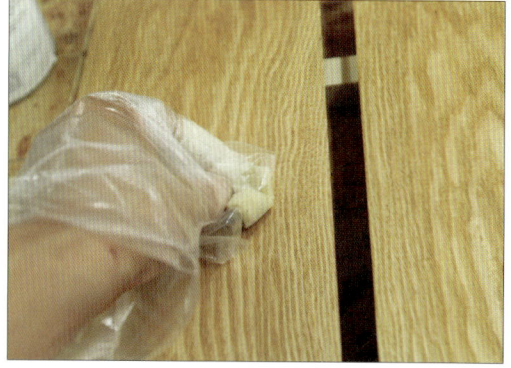

1차 때와 같이 가볍게 바른다. 중요하지 않는 부분부터 시작해서 중요한 부분 순으로 마무리한 후에 다시 5시간 정도 말려준다.

2차도 고운사포로 샌딩한 후 모든 작업을 한 번에 끝내기 위해 3차는 오일을 바르고 바로 #600 고운사포로 샌딩한 후 오일을 닦아줬다.

이제 오일 작업이 모두 완료됐으며, 서랍 작업만이 남아 있다.

서랍 작업에 들어가기 전에 몇 가지 사항을 확인할 예정이다.

레일 설치하기

레일은 2단 볼레일, 3단 볼레일, 댐퍼레일, 푸쉬레일, 바퀴레일 등 여러 종류가 있다. 레일을 사용하지 않고 서랍만 끼우는 방식은 가볍고 작은 서랍일 때 적당하다.

서랍에 맞는 레일 선택 시 가구의 깊이보다 약 5cm 정도 작은 레일을 선택한다.

2단 서랍의 경우 서랍과 서랍의 중간에는 보조목을 대주는 데 서랍 사이의 틈을 안 보이게 하고 뒤틀림도 막아준다.

서랍장은 보통 삼나무를 많이 사용하는 데 얇고 가벼우며 벌레가 싫어하는 피톤치드가 나와 옷이나 물품을 보관하는 데 적당하다. 하지만 시간이 지나면 점점 황변 현상이 생기는 단점이 있다.

설치를 위한 레일 분리 방법

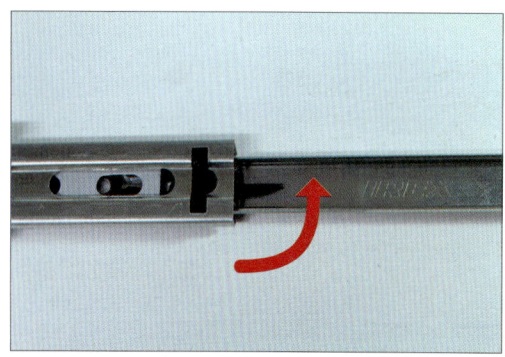

1 레일을 끝까지 당기면 위 사진과 같이 검은색 후크가 보인다.

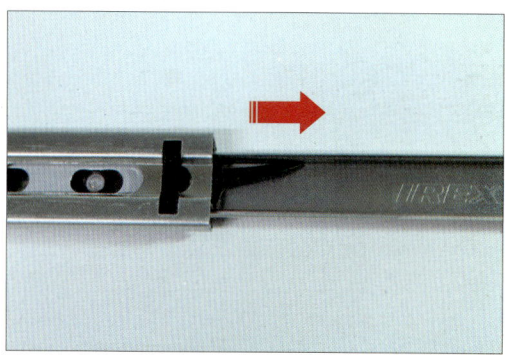

2 후크를 끝까지 들어올린 후 레일을 쭉 잡아 당겨준다.

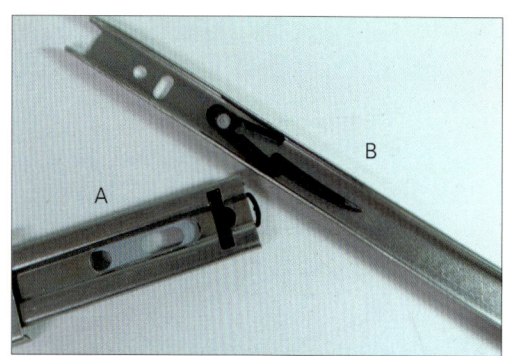

3 분리된 레일은 A는 암놈, B는 숫놈으로 A는 서랍장 안쪽에, B는 서랍에 부착한다.

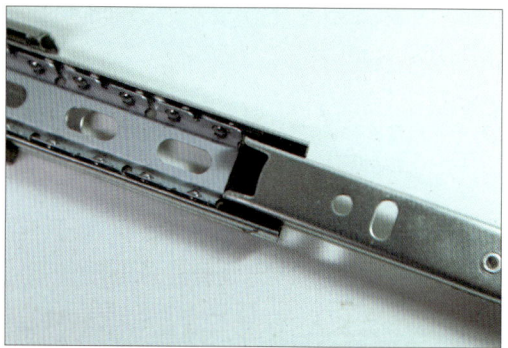

4 조립은 볼이 빠지는 걸 예방하기 위해 미리 볼을 끝까지 당기고 홈에 맞춰 밀어 넣어준다.

레일의 위치

레일은 보통 중간이나 하단에 다는 경우가 많다. 중간에 설치하는 경우는 손잡이와 평행을 이뤄 힘이 적게 들기 때문에 무게가 많이 나가거나 서랍의 길이가 길 때이다. 하지만 레일로만 무게를 견디기 때문에 시간이 지나면 고정한 피스의 지지대나 철물이 약해져 하자가 생길 수 있다.

레일 쉽게 달기

1 서랍 아래쪽에 앞선과 아랫선에 딱 맞춰 놓아주고.

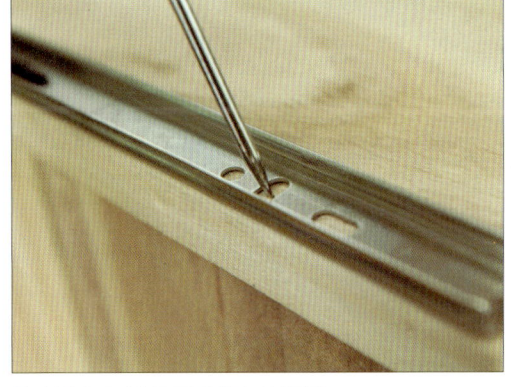

2 송곳으로 나사 자리를 표시한다.

3 드라이버로 나사를 고정시킨다.

1 레일 암놈은 원하는 문의 두께에 맞춰 위치를 잡고 송곳으로 나사 자리를 표시한다.

2 드릴을 이용해 나사 길을 미리 내어준다.

3 나사로 레일을 고정한다.

4 서랍을 끼울 때 볼은 앞쪽으로 당겨 놓고 숫놈과 결합시켜야 볼이 작은 충격에도 이탈하지 않는다.

5 아래쪽에 레일을 설치할 경우에는 나무가 팽창할 수 있어 서랍 바닥으로부터 5mm 정도 여유 공간을 두고 설치해야 하는 데 이런 방식으로 하단에 레일을 달아주면 조립 후 자연스럽게 5mm 여유 공간이 생긴다.

6 윗서랍도 정확한 중간선에 맞춰 설치하고 서랍 문을 가조립하여 사이즈 및 간격 등 문제점이 있는지 확인한다.

사선이 있는 서랍이라 평면의 서랍보단 조금 더 복잡하다.

양면 테이프

기준이 되는 아랫 서랍에 양면테이프를 붙이고 서랍 문을 붙혀준다.
양면테이프는 위치를 잡아주는 임시방편이므로 타카를 사용해 서랍 안쪽에서 다시 임시 고정해준다.

이중비트날로 나사 자리를 뚫어주고 나사로 단단히 고정한다. 추후 서랍 문을 수리할 경우 분해하여 수정할 수 있는 이점이 있다.

양면 테이프

위쪽 서랍도 같은 방법으로 설치한다. 이제 마지막 다리 결합만이 남아 있다.

8자 철물

우리는 책상을 옮길 때 가구의 상판을 잡고 이동한다. 그런데 상판은 다리와 어떻게 분리되지 않고 단단하게 연결되어 있을까?

보통 상판과 프레임 연결 시에 8자 철물과 Z 철물을 이용하는 이유는 편리성도 있지만 나무의 성격 때문이다. 나무는 건조가 완전히 되었다고 해도 날씨와 계절에 따라 수축과 팽창을 반복한다. 폭이 넓은 테이블의 경우 다리와 상판을 완전히 고정시켜버리면 수축팽창을 하면서 상판이 갈라지거나 터지는 일이 생길 수 있다.

그래서 다리와 상판을 연결할 때 수축팽창을 대비해서 좌우로 움직일 수 있는 Z철물이나, 8자 모양의 철물을 이용해 고정한다.

작은 사이즈의 협탁이고 이미 가공되어 1년 이상 건조시켰기 때문에 꼭 해야 할 필요는 없지만 8자 철물을 이용해서 고정해준다.

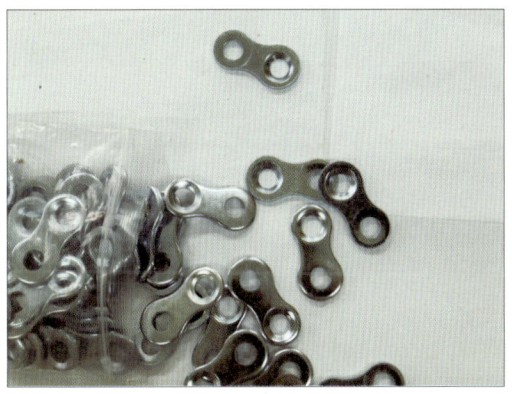 

8자 철물은 한쪽이 크고 (20mm) 다른 한쪽은 조금 더 작은(15mm) 모양으로 되어 있는 이유는 연결하는 프레임의 두께에 맞춰 사이즈를 선택하면 된다.
필요한 공구는 포스너비트, 전기드릴, 끌만 있으면 쉽고 간편하게 사용할 수 있다.

18T 두께의 프레임이면 15mm의 작은 구멍 쪽을 연결하고 24T 이상의 두께라면 8자 철물의 20mm 구멍 쪽을 선택하면 된다.

Z철물

테이블, 책상, 의자 등의 상판 고정용 비스킷 or 도미노조이너로 홈을 내거나, 일반 톱날로 톱날 선을 내서 사용한다.
나무의 수축 팽창에 따라 유동성 있게 고정할 수 있는 철물이다.

- 비스킷이나 도미노를 이용하여 13mm 높이에서 홈을 판다.

- Z철물을 홈에 끼우고 나사 구멍이 있는 곳은 상판 쪽으로 나사로 고정한다.

연결 시 포스너비트를 이용하여 바깥면 보다는 안쪽 면 가까이 홈을 가공해준다.

홈의 깊이는 2mm 정도로 보통 8자 철물의 두께만큼
만 가공하며, 프레임 전체 가공은 짝수로 맞춰 홈을
가공해준다.

가공한 홈은 8자 철물이 움직일 수 있도록 끌로 다듬는다.
단단히 고정하겠지만 미세하게 천천히 진행하는 나무의 수축팽창의 힘도 강해 좌우로 길을 내줘야 한다.

나사를 고정할 때는 8자 철물의 방향은 직각이 아닌
사선 방향으로 배치하여 고정한다. 이때 모든 8자 철
물의 방향은 시계방향이나 반시계방향으로 유기적으
로 움직일 수 있도록 같은 방향의 사선이어야 한다.

상판과 연결할 시 뒤집어 놓은 상태에서 나사 자리를 표시하고 드릴로 나사가 들어갈 길을 내준다.

4×16mm 나사를 사용하여 드릴로 상판을 고정한다.

목재는 애쉬와 오크를 사용했고 마감에 공을 많이 들여서 표면이 깨끗하고 부드럽게 나왔다.

이미지 저작권

표지 : www.shutterstock.com, photo-ac.com, www.freepik.com
이미지를 제공해준 쏘비트에 감사드립니다.

47~50p , 54p : 쏘비트(www.sobit.co.kr)

도움주신 분들

쏘비트 류 의석 대표

참고 도서

전통 목가구 만들기 박명배, 한국문화재보호재단

가구 디자인 & 목재가공 1 태지프리드, 예경

아름다운 목가구 만들기 앨버트 잭슨·데이비드 데이, 다섯수레

우리 가구 손수 짜기 조화신, 현암사

목공 기초 피터 콘, 씨아이알

The Joint Book Terrie Noll, CHARTWELL BOOKS

Fine WoodWorking Taunton Press

DIY工具 50の 極意 西野弘章, 山と溪谷社